幷州智库

政策解读

决策咨询

对策研究

马克思书房

公开课

中共太原市委宣传部
太原社会科学院 主编

山西出版传媒集团
山西教育出版社

图书在版编目（CIP）数据

马克思书房公开课 / 中共太原市委宣传部，太原社会科学院主编. — 太原 ：山西教育出版社，2020.10（2022.11 重印）
ISBN 978-7-5703-0843-9

Ⅰ. ①马… Ⅱ. ①中… ②太… Ⅲ. ①马克思主义—大众化—中国—学习参考资料 Ⅳ. ①D61

中国版本图书馆 CIP 数据核字（2019）第 288206 号

马克思书房公开课

MAKESI SHUFANG GONGKAIKE

责任编辑 刘晓露
复　　审 郭志强
终　　审 杨　文
装帧设计 王耀斌
印装监制 蔡　洁

出版发行 山西出版传媒集团 · 山西教育出版社
（太原市水西门街馒头巷 7 号
电话：0351-4729801　邮编：030002）
印　　装 山西人民印刷有限责任公司
开　　本 787×1092　1/32
印　　张 5.5
字　　数 68 千字
版　　次 2020 年 10 月第 1 版　2022 年 11 月山西第 2 次印刷
书　　号 ISBN　978-7-5703-0843-9
定　　价 27.00 元

编 委 会

目　录

道德责任与道德觉醒

太原师范学院　郭振东

指导老师　高国希

2018年，发生了引发社会民众普遍关注的重庆万州公交车坠江事件。事件发生在10月28日，公交车司机冉某驾驶22路公交车，乘客刘某在中途站上车，由于道路维修改道，22路公交车在她下车的那一站不停。当车行至前一站时，司机冉某提醒到下一站的乘客在此站下车，刘某未下车。之后她发现错过站，于是和司机冉某发生言语争执，并升级为肢体冲突，导致车辆失控，与对面正常行驶的红色小轿车相撞后，坠入江中，全体乘客无一生还。刘某只是错过了一站，而其余14个人却因此错过了后半生。生命没有归零重来的机会。

你也许想急着怒斥这位女子像一个歇斯底里的疯子，垃圾人格，毫无公德，但这时候，你有没有想过公交车司机有保障车上的乘客平安到达目的地的责任，他履行了吗？他完全有很多种选择处理此事，避免意外发生。再谈乘客，一车乘客“不关我事”的心态对吗？在安全面临威胁的时候难道没有责任上前制止吗？只扫自己门前雪，不管他人瓦上霜，这种旁观者效应暴露出来的公民道德责任缺失、道德觉悟低下等问题，不应该反思吗？他们想死吗？谁也不想。但是他们对道德漠视、淡化，不会运用道德自觉地保护自己。

除此之外，看到老人摔倒，有些人选择漠视；看到弱者被欺负，有些人选择逃避。所以很多人开始怀疑，当今社会到底怎么了？现在的人怎么了？人性、良知还需要吗？答案是肯定的。

习近平总书记强调指出，要把加强社会主义思想道德建设作为极为重要的战略任务来抓，激发人们形成善良的道德意愿、道德情感，培育正确的道德判断和道德责任，提高道德实践能力，尤其是自觉践行能力，引导人们向往和追求讲道德、尊道德、守道德的生活，形成向上、向善的力量。

学习贯彻习近平总书记的重要指示精神，我们主要讲三个问题。

一、“公民道德”解读

马克思主义如何解读人？人的社会属性是人的本质属性，人的本质是一切社会关系的总和。一个活生生的人，是具体的人，而不是抽象的人，你不得不去面对不同的环境，而且你要明白你在那个环境中的身份。费孝通先生在《乡土中国》中作了一个形象的比喻：在差序格局下，每个人都以自己为中心结成网络。这就像把一块石头扔到湖水里，以这个石头（个人）为中心点，在四周形成一圈一圈的波纹，波纹的扩散就意味着不同层面的社会关系。公民道德也不例外。当代公民道德既是角色道德，也是场所道德。即公民处于不同的社会关系中，有着不同的身份，需遵循不同场景中相应的行为准则。首先，在家庭中，你是丈夫、儿子、父亲，就要处理好和妻子、父母、孩子之间的关系；其次，在单位中，要处理好与下属、与同事、与职业的关系；再次，在社会交往和公共生活中，公民需要处理好与社会中人的关系、理想与社会和国家需要的关系、与自然之间的关系。在不同的身份和关系中，公民道德集中体现在道德上的觉悟、觉醒、责任与担当，以及对道德伦理的认可、对道德现状的肯定和对道德水平提升的信心（道德自信）。

2001年，中共中央印发了新中国成立以来的第一个《公民道德建设实施纲要》，提出了“爱国守法、明礼诚信、团结友善、勤俭自强、敬业奉献”20字公民基本道德规范。党的十八大以来，习近平总书记对当代公民道德建设的基本问题作出了新的比较系统和完整的回答。公民道德规范包括三个层次的含义：总的要求是十八大报告提出的包括国家、社会、公民三个层面的社会主义核心价值观。基本规范是社会主义核心价值观中公民层面的核心价值观，即“爱国、敬业、诚信、友善”8个字，是对之前20个字的凝练。具体规范包括社会公德、职业道德、家庭美德、个人品德和传统美德。当今社会，公民身处不同场合、不同身份，应该遵守其规矩、准绳，担当起应有的责任。太原创建文明城市，一贯强调文明是城市之魂，美德是立身之本，其间涌现出很多公民道德的完美诠释者。

太原有一家民办自闭症康复机构“灵星特教学校”，“90后”姑娘李小姣是这家机构的负责人。自闭症也被称为孤独症。它不是我们认为的内向、不说话、孤僻，而是广泛性精神发育障碍，是目前医学上的一道难题，被称为一种不死的癌症。面对父母们的苦苦哀求，李小姣不忍心拒绝。自闭症患者无法被治愈，需要父母终身陪伴。他们的父母都有一个共同的愿望，就是能比自己的孩子多活一天。

2010年，李小姣在开办这个学校之初，没有经济支撑，各方面都得精打细算，买菜、做饭、上课，每天既要当老师，又要当保姆，一点一滴做下来，每晚睡觉至少要到夜里12点。面对长时间的过度疲劳和心理压力，她的身体出现了问题，严重脱发、高烧不退，甚至昏迷不醒。第二天醒来时，爸爸坐在她的病床旁边，拉着脸对她吼叫：“今天就务必把学校给我关掉！”她恳求爸爸说，不能关，关了孩子们怎么办？爸爸慢慢把手放下，沉默了。于是，学校中出现了妈妈做饭打扫卫生、爸爸陪孩子们玩耍的身影。对于一个20岁的姑娘，面对这么大的事情，她很怕，她怕早晨学生来了，老师们却都不来了。在绝望中，妈妈给了她继续走下去的希望。

在此期间，她遭到很多质疑。有人说，她的学校有69个孩子，每个孩子都是收费的，她可赚了不少钱；有人怀疑，她“挂羊头卖狗肉”，是不是借着办学有别的企图；还有人说，她就是年轻一时兴起，“过把瘾就死”，这样的机构不会长久的……她用整整8年的青春，陪伴着这些孩子。她深知自己已经成了这些孩子的第二个妈妈，也是这些自闭症家庭继续走下去的希望。在各界支持下，现在的学校已经是一所由29名老师、80个孩子组成的温馨家园。看着家长舒展的眉头，孩子们幸福的笑容，她深知自己肩上的责任。她用爱心温暖着自闭症儿童，践行了社会主义核心价值观的道德诉求，践行了公民道德的最高要求。

二、公民道德建设为何如此重要

马克思主义的道德理论立足历史唯物主义，坚持历史评价优先，就是要以历史的眼光追溯道德现象和道德问题背后真实的原因。

（一）“爬坡”与“滑坡”并存，公民道德困境反思

马克思主义研究道德一定不脱离生产关系。道德作为一种特殊的社会意识形态，是特定经济关系的反映，是由一定的社会生产方式决定的。人们都是自觉不自觉地从正在进行的生产和交换关系中，获取自己的伦理观念，这是不以人的意志为转移的。所以说，

道德是经济利益的集中体现，根源上讲是源于现实的人的动机和利益。

今天的中华民族已经处于从站起来、富起来到强起来的新时代，但是新时代依然没有改变我国仍然处于并将长期处于社会主义初级阶段的基本国情。市场经济作为一种资源配置方式和经济运行方式，它的自发性、盲目性与趋利性影响公民的价值选择、消费理念，人们在个人利益和公共利益之间会倾向于自我设计和自我满足。再加上我国改革进入深水区，社会发展进入转型期，人们获取利益的方式和分配方式发生了巨大变化。所以，改革开放40多年来，公民道德建设受到利益观念牵涉，在总体上呈现“爬坡”的同时与“滑坡”并存的情形。比如长春长生生物科技有限责任公司在生产冻干人用狂犬病疫苗上造假、三鹿奶粉加入三聚氰胺、街头小饭店使用地沟油等，还有为了赶时间不按照交通信号灯行驶、对“您已闯红灯”的语音提醒置若罔闻、路上乱丢垃圾、改装公共自行车加儿童座椅和腐败问题等，哪个不是为了获取更大利益呢?

（二）“借鉴”与“抵制”交融，网络对公民意识形态塑造的影响

从传播途径看，网络媒体的出现给公民的意识形态塑造带来新的挑战。比如快手、抖音。抖音在2016年上线之后迅速崛起，快速发展的背后，暴露的问题也开始浮现。相继出现炒作、低质量模仿、拜金等低俗的视频，严重影响到正确价值观的传播。抖音甚至逾越了法律和道德的底线，公然侮辱英雄先烈邱少云。《人民日报》为此发表微评，严厉谴责。

如果任由西方的各种文化思潮和道德观念通过网络渠道大量传播，被一部分人所接受和吸收，公民道德将会发生西化趋向，追求西方的个人主义、自由主义，削弱公民对社会主义意识形态的认同基础。

（三）“为己”与“为人”共立，自我全面发展的内在需要

马克思主义道德观的灵魂和主旨在于对人类的解放与自由全面发展的终极道德关怀。马克思主义认为，要实现人真正自由全面发展，首先，要解放人与自然的关系。着重强调人与动物有着根本区别，使人成为其自身意志和愿望的最终决定者。其次，要解放人与人的关系，这就意味着要消除一切对立、压迫和剥削，个人与他人要在现实社会生产活动中达成协调一致的合作关系。这样的解放使人能够在自由自觉状态中完成自我对道德的追求，所以，道德不是强加于人的外在的东西，而是为了获得个人真正向往的幸福而进行的主动追求。真正懂得道德的人知道，道德是一个人不可回避的义务。做有道德的人就是做自己，跟别人无关，跟成功无关，跟功利无关，遵守道德不是为了别人，而是为了成全自己，超越自己，让自己

内心更加幸福。

我们办公楼里有一位打扫卫生的大叔，他舍不得在学校吃饭，也没有水卡喝水。每次都从家带一杯水和午餐。我们很熟，我每次都会问他需要水吗？他说不用，我还真以为他不需要。但有一天，我看到他在饮水机接水处放着一个杯子，水一滴一滴地滴进去，我心酸了。从那以后，我每次打水都会主动给大叔打一杯水，不求回报，在内心留下的只有幸福，认为自己的存在是有意义的。

有人会想，传统社会道德秩序井然，人与人和谐相处，我们不是要传承发扬吗？但要知道，传统社会的道德主体之间并不是独立的，道德秩序和规范是带有等级性，尤其强调人伦关系，仁者爱人，忠恕之道。而作为当代社会公民道德的主体，人与人之间是平等的，没有了依附关系，反而强调每个人的个性多元、价值多元、情感多元和利益多元化。而且，随着公共领域不断扩大，从传统的熟人社会逐渐转向陌生人社会，要形成统一的价值观比较难，不可避免会有一系列道德事件伴随着社会和经济的开放式发展而产生。正如马克思所言，道德问题有它存在的必然性，也有其被否定的必然性。

三、建设公民道德，引领美好生活

在新时代，我们谈美好生活，从价值维度来理解，美好生活是值得过的生活或应该去过的生活，是一种善的生活。说到底，美好生活就是追寻德行的实践生活，追寻德行实践本身使人能够获得自身的内在利益，这就是美好生活的历程。

（一）德法并治，强化道德制度保障

德法并治的第一个重要意义在于遏制不道德行为发生。当前社会上发生的类似事件不仅仅属于道德问

题，更属于社会问题。很多行为既属于违背道德的行为，又属于违法行为。霸座男霸座女无厘头争执，放肆地拒绝归还座位的背后说明什么？关键在于铁路部门除了一定时期内限制当事人乘车外，并没有其他有力惩戒手段。严格意义上讲，根据《治安管理处罚法》规定，霸座已属于触碰法律底线的行为。2018年铁路警方共查处各类违法行为2856起，452人因“霸座”等扰乱站车秩序行为被依法行政拘留。还有重庆公交坠江事件中乘客刘某和驾驶员冉某的互殴行为，看似是公共道德问题，但其危害后果具有刑法意义上的因果关系，两人的行为严重危害公共安全，已触犯《中华人民共和国刑法》第115条之规定，涉嫌犯罪。我国有关社会信用立法已经纳入全国人大立法规划。此外，还颁布了《英雄烈士保护法》，用法制捍卫英雄烈士的尊严和合法权益。《老年人权益保障法》修订案把“常回家看看”入法，很多人质疑，什么叫“常”？我不回去，你对我有什么处罚？“常回家看看”入法，是对子女义务的明确，从宏观上给公众一个提示，要加强道德建设，构建和谐家庭。

2018年3月1日，太原市正式实施《太原市文明行为促进条例》，按照规定，随地吐痰、乱扔垃圾等14类不文明行为将受处罚。最轻罚款50元，重者处以1万元以上5万元以下的罚款。

德法并治的另一个重要意义在于弘扬真善美，鼓励见义勇为行为，保护见义勇为者。有一个关于“当代中国公民道德状况调查”，其中一项是“缺乏见义勇为的原因是什么”，有72%的参与者认为：缺乏社会保障机制、怕遭到报复。党的十九大提出：要让人民群众在司法案件中感受到公平正义，避免冤假错案。无论是2018年的昆山砍人案中电动车男于某某最终因过失将宝马男砍伤致死，抑或是赵宇见义勇为制止刘某对邹某的侵害最终过失致刘某二级伤残，均判正当防卫，体现的就是德法并治，司法担当，弘扬社会正气。

（二）榜样力量，引领公民道德建设

道德模范人物是一个社会道德的标杆，他们将抽象的道德规范与行为融合在一起，通过可感的实际生活实例来影响人们，引导、感染、激励、调节和培养公民道德。

职业道德：太原清徐公交公司2路公交车司机李鹏每天要在岗位上做到“早、扫、稳、热”四个字，因为他觉得“用力去做只能达到称职，用心去做才能达到优秀”。我们也记得阳曲县城东路小学金彩君老师。2019年3月18日早晨，对于城东路小学二年级（4）班的金彩君老师来说，只是极其平凡的一天。当她走进教室，发现班级里两名双胞胎兄弟没有到校，家长也没有请假。金老师第一时间打电话给学生家长，然而拨打了多次电话都没有人接听，发微信也不回复，金老师心里充满了担忧。凭着多年的班主任经验和高度的责任感，金老师立刻带着一名认识两个孩子住所的学生，赶往学生租住的北郑村。当发现学生家里门窗紧闭，家门反锁，大声呼叫却无人应答时，她心里“咯噔”一下。她立即请示邢建平校长，按照校长的指示第一时间呼叫了“110”指挥中心和“120”急救中心，并且叫来房东想办法打开房门。一进门，映入眼帘的一幕让在场的所有人惊呆了，一家四口躺在床上均已失去知觉。及时就医后，经医生诊断，四口人一氧化碳中毒，其中母亲最为严重，立即转诊到太钢总医院。经过全力抢救，孩子和家长都脱离了生命危险。金彩君老师凭着对工作的高度责任心和对孩子执着的爱心，及时挽救了一家四口人的生命，消除了一起恶性事故的发生。

无论是公交司机李鹏，还是金彩君老师，他们这样做，是因为他们没有忘记职业所赋予的肩上的责任。

他们有一个共同之处，就是对职业的敬畏感，尊重职业，热爱职业，奉献职业。他们做的其实是最本分的事情，而恰恰本分最能打动人。

社会公德：还记得最美妈妈吴菊萍吗？2011年在杭州滨江区的一个住宅小区，一名两岁女童突然从10楼坠落，正经过楼下的吴菊萍奋不顾身地冲过去用双手接住了孩子，她自己却手臂骨折，受伤较重，被网友称为“最美妈妈”。随着现代生活节奏的加快，一些人看待自身利益高过公众利益，以往传统互助的美好品德被淡漠。当吴菊萍用双手托住从10楼坠落的妞妞时，她托起的不仅是一个生命，还托起了社会责任、人性的至高至美。

还记得被两辆车相继碾压的小悦悦无人施救的事件吗？18个袖手旁观的路人，18个麻木不仁的看客，18双冷漠自私的眼睛，让小悦悦的生命之血汩汩地流失。拾荒阿姨陈贤妹来了，花白的头发，瘦矮的身躯，俯首，躬腰，用她枯瘦的手，拾起了良知，拾起了道德，拾起了佛山以及广东乃至全国人民的感动与敬仰。

他们都是平凡人，平凡的名字、平凡的面容背后，是不平凡的坚持和不平凡的勇敢。他们以一己之力，为这个社会带来融化在手心里的温暖。

（三）加强传统官德教育，提升干部个人道德修养

从“教”字本身看，左边是“孝”，右边是反文旁，推动的意思。教育从一开始就是要让一个人懂得“孝”，知道在家庭中作为孩子、家长、丈夫（妻子）应该承担的责任，进而推及在社会中找准自己的定位，明确自身的历史使命和担当。这是对人与人、人与社会、人与自然相处中的人文思考。

习近平总书记指出，中华传统美德是中华文化精髓，蕴含着丰富的思想道德资源。不忘本来才能开辟

未来，善于继承才能更好创新。

中国传统文化历来非常重视官德，人以载道，文以载道，各个朝代都对官员的个人修养和从政道德进行规劝和警示。《礼记·大学》说："古之欲明明德于天下者，先治其国；欲治其国者，先齐其家；欲齐其家者，先修其身；欲修其身者，先正其心……"包括修身、齐家、治国、平天下所需要的道德素质和品德素养。传统的官德分为官德和君德，概括说就是上下级官员都应该具备的职业道德要求。德是立身之本、立国之基。百行德为首，德为官之魂。一个国家官德的好坏，事关民生、社会风气，影响国家兴衰。

1. 为政以德，是传统为官的根本要求

《尚书》中谈到治国的内容，"克勤于邦，克俭于家""民心无常，惟惠之怀"，说明治国必须要勤勉，如同持家一定要节俭，上天只是辅助有德行的人，而百姓也永远喜欢惠民养民的人，所以为政者一定要勤俭、惠民和厚德。《论语·为政》中说“为政以德，譬如北辰，居其所而众星共之”，用北辰星暗示德政的重要性。《论语·子路篇》中说“其身正，不令而行；其身不正，虽令不从”，要求为政者要有为老百姓作出表率的行为，才能使政令顺利实施。先秦时期提出的德、仁、礼、义、恻隐、中庸、惠民、清静无为等官吏阶层道德培养途径，已经包含了后世为官品德的主要内容。

2. 廉政为本，是传统为官的基本规范

“廉”是古今中外一切道德的根本要求。清代的叶镇在《作吏要言》中说：“为官，须求消受得过。”于是评价古人为官之道的重点在于官者之心，符良心而倡公道者，则是好官；昧良心而违公道者，则是坏官。“清”也是古代评价官员频率最高的字。孟子等思想家提出为官应该“以廉为本”。法家代表人物管子真正把廉与政治相结合，把“廉”作为治理国家的

“四维（礼义廉耻）”之一。

3. 修身正己，是传统为官的修养准则

儒家的治国理念被奉为历朝历代官德修养的准则，以孔子为代表的儒家学派非常重视官德修养，并提出了“修己”之说。在《论语》中，子路问君子，子曰：“修己以敬。”修己以安人，修己以安百姓。《大学》中说：“自天子以至于庶人，壹是皆以修身为本。”不管自己身处多高的职位，都必须修身。

随着时代和社会的发展，汲取中国传统文化的精髓和杰出成就，并发扬光大，以加强官员道德操守非常必要。

（四）优化公民道德培养机制

1. 优化考核评价机制，实现“以德为先”导向

目前，很多地方政府为了加快经济的快速发展，对干部的考评上过分强调“有政绩”，忽略了对干部“德行”的考察和要求，导致一些干部因道德缺失而

败坏了国家名誉。所以，必须把干部考核评价重点放在“以德为先”的价值导向上。党的十九大报告提出，建设高素质专业化干部队伍，以德为先，德才兼备。做到权为民所用，利为民所谋。这也应该是每位干部入职前就被赋予的“道德契约”。无论职位高低，始终要清楚自己应该干什么，不应该干什么，常修为政之德，千万不能违背道德底线，要做到“善政”“廉政”“为民”。

2. 优化监督机制，实现干部自觉践行

一般而言，干部行为的正当性和整个社会风气的好坏，都与有效的监督有关。监督是引领风清气正的政府环境和提升干部道德境界的重要手段。从形成有效的监督体制看，监督需要做到两手抓，两手都要硬。不仅要监督干部在公共场所中的行为，更要监督干部在私人空间中的行为。从实质的维度来看，应秉持“行于正当，心于自律”的原则，因为道德是内在的唤醒，外在的体现。从效用的维度看，干部的道德境界需要监督，但监督并非必要条件，改善政府生态环境的根本不在于监督，而在于自我革命、自我监督。古人讲“慎独”，当一个人独处的时候，也应该自律。让道德成为生活的准绳，用之而不觉，失之则难存。

3. 优化修养机制，实现干部自省自律

马克思说，道德的基础在于人类精神的自律。从本质上来说，干部的道德修养机制就是干部自律与他律的统一，其实就是自我约束和制度约束问题，二者皆不能少。自省是最重要的，修身自省过程就是排除外界物欲上的干扰，把自身的德行修养向外推广到知与行的具体实践当中。自律性首先表现在应做到自省，常用“一日三省吾身”的态度做到“君子检身，常若有过”，反思检点自己的工作作风，用违法犯罪和腐败的反面事例警醒自己，自觉抵制不良风气。老子所言“祸莫大于不知足，咎莫大于欲得”，就是告诫党员干部要全心全意为党、为国家、为民族、为人民，绝不能为了自己那点蜗角虚名、蝇头微利丧失党性原则，丧失人格。

郭晓龙，2016年脱下戎装，从内蒙古回到阔别已久的家乡——太原，开始自己新的征程。他用青春的担当书写着精彩的人生。

虽然他很想马上投入到新的工作中，干出点成绩来，可是选岗的时候，却斟酌了好久。毕竟离家15年，探亲的机会又少，这些年对家庭的亏欠实在太多。于是他选择了高新区，他想省出路途时间，陪伴父母，照顾孩子，尽一份家庭责任。

当时省委、省政府已经作出“八区合一”组建综改区的决策部署，在他前去“新单位”报到的当天，却接到被重新安置到潇河产业园区工作的通知。他有点迷茫。当领导告诉他，潇河园区刚刚筹建，位置远、条件差，更需要吃苦耐劳、充满干劲的军转干部时，军人的本色让郭晓龙不再犹豫，他习惯性地挺胸立正：“请领导放心，我愿意到最艰苦的地方去！潇河就是我的新战场！”

回家后，郭晓龙不太想把这个变动告诉妻子，细心的妻子见郭晓龙支支吾吾，就让他有事直说。当郭晓龙告诉妻子自己的工作安排后，妻子并没有抱怨，只是静静地坐了一会儿：“去哪都行，至少比内蒙古近吧！”妻子的理解，就是对郭晓龙工作的最好支持，他决心在转型综改的主战场上续写精彩人生。

2017年2月，在凛冽的寒风中，潇河产业园区吹响了建设的号角。郭晓龙至今记得，刚到潇河，路边全是收完庄稼的荒凉农田，还有一条冰封的小河流。

根据分工，郭晓龙被安排到园区政企服务部工作。新的工作环境让他有点紧张，毕竟自己以前总是围着战机、航线、训练计划打转，现在要对接职能部门、服务企业，郭晓龙“两眼一抹黑”。困难当头，十多年军旅生涯练就的那种迎难而上的拗劲儿又上来了，“怕啥，不懂就问，不会就学，那么多的飞行原理都能琢磨明白，还能被眼前的困难吓倒？”说干就干，他先从园区整体规划入手，熟记园区路径图、园区四至范围、渠系走向，再将项目地块仔细地标绘在地图上，主动向有经验的同事请教项目入区手续办理流程，然后带着问题查资料核对，积极对接综改区职能部门，在对接过程中慢慢捋顺各项工作程序。

就这样边干边学，一个多月后他已能快速地在地图中找到指定地块，能在服务过程中准确告知企业现阶段应办事项，与综改区职能部门的对接也越来越顺。而他的会议笔记、学习笔记、工作笔记积累了厚厚的5本。

为保障首批落地潇河的11个项目顺利开工，郭晓龙和同事们每日伴着依稀的晨光出发，全天顶着寒风奔波于各个地块，晚上在微弱的星光下才踏上归途，回到办公室往往还要继续加班、会商解决问题。

那段时间，郭晓龙经常是忙到天黑才想起吃口热饭，经常回家走到半路又掉头赶往工地处理突发状况，顶风冒雨是家常便饭，雨衣、手电成了他的制式装备。就是靠着这股“披头散发、披星戴月、披荆斩棘”的拼劲儿，在郭晓龙和大家的努力下，约3万亩土地收储任务只用了不到3个月，从配套设施零基础到解决落地项目地块临时道路、临电临水问题只用了不到20天，仅4个多月首批开工项目已投入建设。

随着转型项目的开工建设并逐渐进入高潮，郭晓龙和政企服务部的同事们又将工作重心转移到了服务企业上。

从进入政企服务部至今，具体入企服务了多少次，郭晓龙已记不清楚，他只知道“平均每周至少要入企服务两到三次”。对于园区的在建企业项目和储备项目，他却如数家珍：入园企业35家，10家已开工、8家准备开工、17家办理前期手续，储备项目98个。正是依靠这种无私的付出，2018年7月，郭晓龙被综改区评为优秀共产党员，并荣登当年8月份太原市时代新人榜。

一切过往，皆为序章。新时代开启新征程，新征程承载新梦想！随着2019年的开始，潇河产业园区又有9家企业实现投产，并进入深化转型项目建设阶段。这又是他人生的一个新起点：服务新常态，从"心"再出发。

习近平总书记在党的十九大报告中指出："历史只会眷顾坚定者、奋进者、搏击者，……以时不我待、只争朝夕的精神，奋力走好新时代的长征路。"郭晓龙的无私付出，诠释的是一个干部应有的修为。

如果说经济规模塑造的是一个城市的骨架与血

肉，那么公民道德素养则是这个城市的精神、文化与灵魂。公民道德作为当代中国社会道德的一种自觉选择，体现了一种道德规范、道德义务、自律精神、成人至善、生活方式、时代精神、文化传承。当代公民道德建设最终目的还是使道德成为人们的内在需要，提高道德自觉、道德觉醒、道德责任，在实践中去感知和领悟，达到日用而不觉的程度，进而转化为外化于行的共同行动准则和价值目标。

生态、生活、生产，伴随我们一生

山西财经大学　郝俊英

指导老师　李　冉

大家好，今天我和大家分享的话题是"'三生'伴随我们"，我讲的"三生"可不是情意绵绵的电视剧《三生三世十里桃花》中那种爱恨别离、难舍难分的"三生"，我讲的是生态、生活、生产这"三生"。这"三生"和我们每个人的切身利益都息息相关，和我们每个人都难舍难分。

我先讲讲今年的贺岁片《流浪地球》，从中我们能看到当我们的家园生态环境恶化，不适宜居住时，我们需要进入昏暗的地下城生活，如果在地球表面上活动就需要穿着特制的防护服。暂且抛开科幻成分，结合目前我们的生活对比来看他们的生活，我们有没有一种担心？担心有朝一日会因为生产，为了满足我们不断膨胀的物欲追求，不经意间让这样的生活变成现实。其实创作这部影片的素材都是来源于我们身边的现实生活。这部影片根据刘慈欣的同名小说改编，刘慈欣生在北京，从小生活在阳泉的一个煤矿区，他长期置身于这种重污染的环境当中。生活在山西的人都知道，正是由于身边生态环境恶化，让作家觉得人类随时有毁灭的风险，实在住不下去，干脆来个整体大搬家。接下来，我要讲几点：

一、生态何以成为一个问题，这是一个不可回避的追问

新中国成立后，特别是改革开放以来，我国经济快速发展，创造了“中国奇迹”。然而，粗放的发展方式，也使我国在资源环境方面付出沉重代价，积累了大量生态环境问题。生态环境成为国家发展的短板，成为人民生活的痛点。

请问大家谁愿意在雾霾天气时深呼吸？相信没有人愿意，大家都愿意在天然氧吧深呼吸。2012年入冬之后出现的雾霾天气，影响到我国17个省市，四分之一国土面积，使6亿人受到影响。为什么会出现这样的天气呢？主要是冬天北方的暖气还是以烧煤为主，再一个是汽车尾气，还有就是一些工厂排污不达标。

党的十八大报告提出，大力推进生态文明建设，并且把生态文明建设提升到中国特色社会主义“五位一体”总体布局的战略高度。这在党的历史上是第一次，引起全社会的共鸣，受到党内外、国内外的广泛关注。

党的十八大以来，我国大力推进生态文明建设，取得举世瞩目的显著成效。中共中央、国务院印发《关于加快推进生态文明建设的意见》，明确了生态文明建设的总体要求、目标愿景、重点任务、制度体系；2015 年 9 月《生态文明体制改革总体方案》出台，提出健全自然资源资产产权制度、建立国土空间开发保护制度、完善生态文明绩效评价考核和责任追究制度等制度体系；还有《大气污染防治行动计划》《水污染防治行动计划》《土壤污染防治行动计划》陆续出台，被称为“史上最严”的新环保法从 2015 年开始实施，在打击环境违法犯罪方面力度空前；生态环保执法监管力度空前，压减燃煤、淘汰黄标车、整治排放不达标企业，启动大气污染防治强化督察……一系列的环保举措重拳出击。生态文明建设领域顶层设计日益完善，同时实践中生态修复成果斐然，比如全国近岸海域水质优良比例从62.8%回升到73.4%；新造人工林4.47亿亩，比五年前增长了21.3%；人工林总面积10.4亿亩，位居全球之首；荒漠化治理方面，治理沙化土地1.26亿亩，我国沙化土地年均缩减1980平方千米；退耕还湿20万亩，新增水土流失治理面积24.5%；治理空气污染方面，近五年PM2.5浓度有所下降，全国空气质量达标城市增多；等等。党的十九大报告指出，中国特色社会主义进入新时代，并且第一次将“美丽”作为社会主义现代化强国的目标之一，这就意味着一个真正意义上的现代化强国，不仅需要物质文明、政治文明、精神文明、社会文明的提升，而且需要生态文明的提升，必须协同并进。

新时代，我国社会主要矛盾已经转化为人民日益增长的美好生活需要和不平衡不充分的发展之间的矛盾。社会主要矛盾转化让我们进一步深化对生态文明建设的认识，认识到生态文明建设仍然任重道远。我给大家讲一个故事——“她喂男朋友喝下一整瓶塑料”：现在生活好了，人们不仅仅只喝水，为了提升口感，塑料杯装的好喝的饮料被生产出来了。男孩和女孩喝着饮料，很温馨很美好，也很甜蜜。这时突然下雨了，他们随手将塑料杯放在那里就离开了，于是一只塑料杯的旅程就这样开始了。塑料杯去哪里了呢？塑料杯被风刮到下水道，和其他垃圾一起进入河流，尽管有河工打捞，但是人力总有限，河工只能阻拦一部分垃圾前往大海，免不了有疏漏。这个塑料杯就是漏网之鱼，它经过漫长的旅途之后，随着海浪在海面上漂浮着。很快，它就被海洋生物啃食得溃不成形，慢慢沉入海底。可是它的旅程并没有就此结束。塑料的自然降解需要很长时间，扔进大海后会分解成细小的塑料颗粒，被鱼虾当作浮游生物而吞噬。然后人们为了改善生活，打捞深海鱼卖个好价钱。正好，女孩买了深海鱼，并用清蒸的方式做好给男朋友吃。所以，大家想想：男孩在吃美味的鱼还是在吃塑料垃圾呢？塑料杯最终随着食物链回到人类的餐桌，到这时，这个塑料杯的旅程才结束了。听到这个故事，我们还想吃鱼吗？自食其果，这真的不是危言耸听。这样的事情就发生在我们的日常生活中。

这不禁让我们反思生态、生活、生产和我们的关系，反思我们向往什么样的美好生活？我们需要什么样的发展？如何实现三者和我们的和谐？

二、我们向往什么样的美好生活

改革开放以来，中国经过40多年的快速发展，人民生活水平得到了极大的提高，中国人已经解决了温饱问题，在朝着小康的道路上奔跑。中国人平均寿命也达到了75岁。按说我们的生活质量今非昔比，但我们却仍然充满焦虑，空气质量差、食品不安全、饮水不卫生、各种污染等，都是导致我们焦虑、影响生活质量的重要因素。而这些都是由于粗放发展造成生态环境的破坏而导致的。

山西就是典型的例子。人常说“十年中国看深圳，百年中国看上海，千年中国看北京，三千年中国看陕西，五千年中国看山西”。余秋雨先生在《抱愧山西》中称：在上一世纪乃至以前相当长的时期内，中国最富有的省份不是我们现在可以想象的地区，而竟是山西！山西曾经是天下首富之地。山西的农工商富足到什么程度？包头原来是康熙征讨噶尔丹时候的一个兵驿站，山西人在那里为清兵办辎重，逐渐发展成了包头城；辽宁的朝阳是山西一个姓曹的做豆腐的生意人建成的；现在北京的大栅栏、珠市口有70万山西人后裔在那里。清末年间慈禧太后逃难到西安，路过山西，没有钱，就是向晋商借的。新中国成立后，随着工业化发展，山西一直是我国重工业的脊梁。山西凭借得天独厚的煤炭资源成为国家重要的煤炭能源基地。山西的经济，兴于煤炭。山西的煤炭为新中国经济的发展作出了重要贡献，主要供给中国东部发达省份，全国三分之一的机器运转依靠的是山西的煤炭。作为支柱产业，煤炭工业提供的税收约占全省可用财力的一半以上，有力地推动了区域经济的较快发展。对煤炭资源长时间、大规模、高强度、粗放式的开发与利用，也使山西逐步滑入“资源优势陷阱”之中。在日复一日地向外输送能源的同时，产业单一、环境恶化、后续发展能力匮乏等资源型经济痼疾也日益显现，山西的经济发展水平不高，冬天雾霾天气还非常严重，严重影响人们的身体健康和生活水平。

可见，生态环境的破坏已经影响到了人民生活质量的进一步提高，影响到了人们的幸福感、获得感、安全感。

方清平在单口相声《原始社会》里讲到原始社会的美好生活。他说，我要能生活在原始社会就好了。天天吃烧烤，愿意在哪烤就在哪烤，不用担心城管罚款。我想怎么吃就怎么吃，没有养生专家吓唬会致癌……唯一的遗憾吧，就是寿命太短，跟狗的寿命差不多。逗笑的背后其实也是对现实生活的揭示。

习近平总书记说："人民对美好生活的向往，就是我们的奋斗目标。"新时代，我们对美好生活的向往，不仅指物质生活和精神生活，也包括优质的生态生活。美好的生态环境是我们对新时代美好生活向往的重要期盼，更是我们党为之奋斗的坚定方向。

首先，美好生活的实现必然离不开人与自然的关系。

人与自然的关系是人类社会最基本的关系。自然界是人类社会产生、存在和发展的基础。习近平总书记指出，人因自然而生，人与自然是一种和谐共生关系，对自然界不能只讲索取不讲投入、只讲利用不讲建设。保护自然环境就是保护人类，建设生态文明就是造福人类。

以右玉的发展为例，右玉县曾经的写照是："十里不见人，百里不见树；一年一场风，从春刮到冬；风起黄沙飞，雨落洪成灾。"生态环境极其恶劣，老百姓也深受其害，民不聊生，这里曾被德国专家认定为"不适合人类居住的地区"。但是在18任县委书记的领导下，一任接着一任干，带领右玉人植树造林种草，硬是把右玉这个曾经的"不毛之地"，变成了真正的"塞上绿洲"。2010年，右玉县荣获"联合国最佳宜居生态县"，其经济、民生也因生态的改善而获得巨大提升，现在已经成为一个很有名的旅游胜地，并且培育出伟大的“右玉精神”。

习近平总书记反复强调，环境就是民生，青山就是美丽，蓝天也是幸福，绿水青山就是金山银山；要像保护眼睛一样保护生态环境，像对待生命一样对待生态环境；绝不能以牺牲生态环境为代价换取经济的一时发展。

社会主义现代化是人与自然和谐共生的现代化，既要创造更多物质财富和精神财富以满足人民日益增长的美好生活需要，也要提供更多优质生态产品以满足人民日益增长的优美生态环境需要。

其次，美好生活的实现必须处理好自然系统与社会系统之间的关系。

自然系统与社会系统作为两个生态子系统，既相互独立又相互联系，二者之间频繁地进行着物质、能量和信息交换。在由自然系统向社会系统发展的过程中，实现了二者的辩证统一、互利共生，共同构成了完整的美好生活图景。大自然本身是一个相互依存、相互影响的系统。习近平总书记强调，山水林田湖草是一个生命共同体。同时也强调人与自然是生命共同体，人类必须尊重自然、顺应自然、保护自然。人的命脉在田，田的命脉在水，水的命脉在山，山的命脉在土，土的命脉在树。如果种树的只管种树、治水的只管治水、护田的单纯护田，很容易顾此失彼，最终造成生态的系统性破坏。统筹山水林田湖草系统治理，让人民过上更美好的生活，归根到底是人类用什么样的思想方法对待自然、用什么样的方式保护修复自然的问题。

三、我们需要什么样的发展

人类要过上更好的生活，就必然需要发展经济。但是，人是发展的目的，还是发展是人的目的？这是一个颠倒性、对立性的问题，也是值得我们深思的问题。以前我们经济快速增长，人民跨越贫困实现温饱达到小康，人民生活水平大大提高。但是我们在消灭昨天的贫困的同时却制造着明天的贫困，明天资源不能满足生存和发展，环境不能让人生存，就类似于古代那个成语“割股啖腹”，形容割自己的肉来填饱肚子，结果自己也死了，就是自己慢性扼杀自己。现在我们认识到人才是发展的目的，发展是为人服务的，生产只是手段，生活才是目的。所以我们要有新的发展观。

首先，我们要树立和践行绿水青山就是金山银山的发展理念。

金山银山和绿水青山的关系，归根到底就是正确处理经济发展和生态环境保护的关系。这是坚持绿色、可持续发展首先必须解决的重大问题。有人说，发展不可避免会破坏生态环境，因此发展要宁慢勿快，否则得不偿失；也有人说，为了摆脱贫困必须加快发展，付出一些生态环境代价也是难免的。这两种观点把生态环境保护和发展对立起来了。

对人的生存来说，金山银山固然重要，但绿水青山是人民幸福生活的重要内容，是金钱不能代替的。你挣到了钱，但空气、饮用水都不合格，哪有什么幸福可言。习近平总书记早在2005年8月《浙江日报》的《之江新语》栏目中指出："我们追求人与自然的和谐，经济与社会的和谐，通俗地讲，就是既要绿水青山，又要金山银山。"2013年，习近平总书记进一步从三个层次完善"绿水青山就是金山银山"的理念。第一层次：既要绿水青山，也要金山银山。经济发展和生态建设都重要，切忌厚此薄彼。第二层次：宁要绿水青山，不要金山银山。绝不能眼光短浅以牺牲生态环境为代价而换取一时一地的经济发展。第三层次：绿水青山就是金山银山。良好的生态环境能直接促进甚至转化为经济发展。为什么绿水青山就是金山银山？绿水青山过去从来不是生产力，它只是生产工具而已，现在把绿水青山变成了生产力，生产力转变为生产，它就是金山银山。因此，我们要坚持和贯彻新发展理念，深刻认识保护生态环境就是保护生产力、改善生态环境就是发展生产力，坚决摒弃以牺牲生态环境换取一时一地经济增长的做法，让良好生态环境成为人民生活改善的增长点，成为经济社会持续健康发展的支撑点，成为展现我国良好形象的发力点。

其次，我们要用绿色发展理念变革我们的生产方式和生活方式。

生态环境问题归根结底是发展方式和生活方式问题，要从根本上解决生态环境问题，必须推动形成绿色发展方式和生活方式，重点是推进产业结构、空间结构、能源结构、消费方式的绿色转型。

山西省煤炭企业在政府引导下，开始寻求绿色转型。以前，废弃的高硫煤、劣质煤都是污染环境的固体废弃物，潞安集团通过先进技术将它们转化为一滴一滴的高端精细化的合成基础油，这些最终将成为化妆品级和食品级原料，并代替进口，相比以前都是论“吨”卖的山西煤，价格翻了近30倍。劣质煤从此“变废为宝”。

新能源汽车作为山西省整体产业转型升级中关键的一环，不到一年时间，太原的出租车全部更换为纯电动汽车，太原成为全国首例，也是全球首个全部更换为纯电动出租车的城市。

但是也有一些企业打着转型发展的幌子，将绿水青山当作私人的“金山银山”。例如，“曹园”最初是以一个旅游项目申请的，但是多处建筑违规，而且砍光原有的森林，建成跑马场、高尔夫球场和温泉酒店，还在半山腰挖了一个巨大的湖，而这一切，都没有履行任何手续。“曹园”最终以涉嫌非法占用农用地罪被立案侦查。为什么这样的违法行为会一路实施并畅通无阻呢？这个案例值得我们反思。这个案例也告诉我们，只有实行最严格的制度、最严密的法治，才能为生态文明建设提供可靠保障，要把生态文明建设纳入制度化、法治化轨道。

最后，如何实现生态、生活、生产与人类之间的和谐呢？

要真正实现“三生”和我们的和谐，就需要来自全社会的共同参与。解决环境问题最根本的推动力来自老百姓，本质上它是一个“自下而上”的过程。只有在充分调动公众积极性的社会环境下，才会有公众的广泛参与。因此，要引入公众参与的力量，改变“政府—企业”的单边管理格局，这就需要政府主动推动公众参与，构建政府为主导、企业为主体、社会组织和公众共同参与的多元主体协同治理的格局。

首先，政府应担起主导者、推动者和监督协调者的责任。加强宏观调控，充分利用经济、法律及行政的手段调控资源，倡导绿色、循环、低碳发展模式。绿色发展，比如风能、太阳能的利用；循环发展，比如加工利用废物、循环利用雨水；低碳发展，比如公共自行车、共享单车等。这些工作关键还要依靠科技、技术的发展。这是推进生态文明建设的基本途径和方式。

其次，企业要承担生态文明建设主力军的责任。强化科技创新，推进经济增长方式转变，要依靠现代化管理，树立科学发展观，走新型工业化道路，大力发展高新技术产业，促进产业结构优化升级。

最后，个人要树立正确的消费观，大力提倡绿色消费、文明消费，增强节约意识，从小事做起，把节约资源落到实处，在全社会牢固树立与保护生态相适应的政绩观、消费观。比如，当看到污染发生时，可以拍照留下证据，然后拨打12369进行投诉，引起有关部门的关注和处理。

在生态文明建设中要合理组织各个建设主体。以太原保护生态环境的时代新人典型张俊平为例，太原西山原先分布有西山煤电、太化集团等十余家大型企业，还有采煤、洗煤、石膏、焦化等各类中小企业2700余家，曾经为山西乃至国家的经济发展作出过贡献。但是工业垃圾长期乱倒，年废水排放量达400余万吨，二氧化硫排放量2.7万吨，烟粉尘排放量1.3万吨，占市区总量的60%以上，对太原市大气、水体、土壤造成严重污染。附近的村民说，春天一刮风，西山不少地方就是漫天白灰，洗过的衣服来不及晾干就又落了一层灰。政府下令关停西山小煤矿76座，封堵私挖乱采黑口子2000多个，关闭、淘汰污染企业343家等。即便如此，环境污染和生态破坏形势依然严峻，综合治理难度大，仅靠政府投入难见显著成效。

为了解决污染难题，2009年，太原出台生态新政策，鼓励社会资本认养荒山进行治理，允许企业在完成80%土地绿化任务的基础上，可利用不超过20%的土地面积，建设公园配套设施，适度开发经营一些项目，最终达到山体增绿、企业增效、农民增收的目的。曾是山西晋峰供热公司“一把手”的张俊平第一个报名认养荒山，他说：“如果生存环境不好，挣再多的钱又能怎样？”他用八年时间，凭着“愚公移山”的韧劲，治理山体破坏面积100万平方米，治理大型垃圾场2000多亩，修建园区道路百余公里，共栽树190余万株，极大改善了玉泉山的生态环境。让一座玉泉山从飞鸟绝迹到“风生水起”，让一座曾经垃圾满沟、山体破碎的荒山，华丽蜕变为满山苍翠、风景宜人的“山顶花园”，他被人们称为“在悬崖上栽树的汉子”。如今玉泉山已经成为太原人节假日休闲的好去处，曾经一周时间迎来50多万名游客，使得山下小吃一条街也红火起来。

生态文明建设，功在当代，利在千秋，与我们的今天息息相关，也和我们的明天紧密相连。每个人都应该成为践行者、推动者。所以说，保护好我们的环境，建设好美丽的家园，这不仅是政府的责任、国家的责任，也是企业的责任，更是我们每个人的责任。

马克思主义就在我们身边

山西财经大学　李　献

指导老师　吴海江

一提起马克思主义，对于更多人而言，想到的可能是上不完的政治理论课，会觉得政治课的学习很枯燥很无聊，甚至还有人觉得学习马克思主义没有用……我认为，说马克思主义没有用，是因为没有真正了解马克思主义是什么，把马克思主义当成了对现成问题的答案，实际上马克思主义最大的用处是其科学的立场、观点和方法。恩格斯曾经说过：“马克思的整个世界观不是教义，而是方法。”我们学习马克思主义的目的就在于运用马克思主义去解决我们生活当中的实际问题。所以说马克思主义并不是高深莫测、虚无缥缈的，不管你承认与否，它确确实实就在我们身边。

马克思主义是关于全世界无产阶级和全人类彻底解放的学说，它由马克思主义哲学、马克思主义政治经济学和科学社会主义三大部分组成，是马克思、恩格斯在批判地继承和吸收人类关于自然科学、思维科学、社会科学优秀成果的基础上于19世纪40年代创立的，并在实践中不断丰富、发展和完善的无产阶级思想的科学体系。

接下来，我从两个方面对“马克思主义就在我们身边”进行讲解。一是马克思主义在身边之生动体现。二是马克思主义在身边之新时代解读。

一、马克思主义在身边之生动体现

马克思主义是一门鲜活的、具有生命力的科学。是的，即使这里没有精确的公式推导，也没有明确的比例图案，但是我依然认定它是一门精确无比的科学。因为它的每一条原则，都可以精确无误地代入我身边的现实生活中，并且还经常给予我许多新的思考和启示。

马克思主义到底体现在我们生活的什么方面？比如，我们都听过这么一句话，叫鱼与熊掌不可兼得，马克思主义哲学就是在我们不知道选鱼还是熊掌的时候，告诉我们选鱼有选鱼的好处，选熊掌有选熊掌的好处。当你问到底应该选哪个时，马克思主义并不能给你一个明确的答案，但是它却可以为你权衡利弊得失，告诉你你的选择会让你得到什么，又会让你失去什么。这种对事物的分析，对于涉世未深的年轻人来说，确实是十分重要的。

再比如，对于主观能动性与客观规律性的关系。人们在实践活动中要达到预想的目的，就一定要使自己的思想符合客观事物的发展规律，如果不符合，那么必然会在实践中遭受失败。客观规律是要放在首位去坚持、去尊重的，在此基础上才能充分发挥人的主观能动性。这个道理也许在我们看来很是浅显，就像我们经常说的“三思而后行”。但是，真正能做到的又有几个人呢？

曾经有个寓言，说的是如果人的一生可以倒置，从死亡开始，到婴儿结束，那么一生中将会少很多错误，很多遗憾。这说明人并不是每时每刻都能“三思而后行”。很多时候一时的冲动或大意可能会导致今后很长一段时间的悔恨和遗憾。要避免这些遗憾，就要求我们做到：首先从实际出发，努力认识和把握事物的发展规律，也就是“三思而后行”中的“思”，这是最重要的部分。因为只有在正确认识的指导下，符合客观规律的行动，才是正确的行动，才能实现人们预想的目的。其次才是以实践发挥人的主观能动作用，并辅之以一定的物质条件和手段，将人的所想变为现实的力量，也就是“三思而后行”中的“行”。

通过将马克思主义的基本原理与现实生活中遇到的一些问题相结合，我发现原来哲学也并非完全是由那些高深莫测的东西组成。其实有时我们在生活中所运用的思考方式、所进行的生活行为，处处都有哲学思想的影子蕴含其中。马克思主义哲学也并不是只能用于引导国家革命、指导国家建设的大道理，而是我们在生活中可以善加利用的良师益友。

前面说过，马克思主义是由三部分组成的，有马克思主义哲学、马克思主义政治经济学和科学社会主义。接下来跟大家说一个马克思主义政治经济学方面的理论。非常有意思，和我们的生活也息息相关。就是异化理论。从马克思主义观点看，异化即异己化或对立化，简单来说就是人的活动产物变成异己力量，反过来统治人的一种社会现象。这么说，相信有很多人还是不理解。再说一个现象，大家一定就明白了。异化用在手机上再合适不过了。智能手机重塑了我们的生活，带来极大便利的同时也在控制、奴役着我们，以至于“世上最遥远的距离”，成了“我就在你对面，而你却在玩手机”。诚然，手机带给我们太多太多的便利，购物、导航，还可以充分利用碎片化时间来学习，打发无聊的等人、等车的时间。从宏观说，手机让我们紧跟时代步伐，了解时事新闻、社会热点；从微观说，掌握朋友圈动态，了解朋友们的近况，人与人之间的交往变得越来越紧密。所以现在，无论何时何地，公交车上、地铁里、火车上，大家都在低头看手机，无论年长老幼，人手一机，自得其乐；早上起床后、晚上睡觉前第一件事就是看手机，甚至于白天每隔上五分钟、十分钟，就得翻翻、刷刷，唯恐错过了重要讯息。我也是深受其害，有多少个夜晚，好不容易有了属于自己的宁静时光，本计划看一看书、做一做工作，就那么不经意地拿了手机一下，便再也没法放下，像王菲《传奇》中唱的“只因为在人群中多看了你一眼，再也没能忘掉你容颜”，一晚上就在刷、刷、刷中过去了，再一看表，12点了，于是无边的悔恨、自责，暗下决心，明天晚上一定看书。结果第二天晚上呢，外甥打灯笼——照旧，手机不离手。这就是异化，马克思主义就在我们身边，我们可以运用马克思主义当中的一些理论去解释我们的生活，让我们生活得更明白一些。

马克思在《费尔巴哈的提纲》中就有一个很著名的论断，“哲学家们只是在用不同的方式解释世界，而问题在于改变世界”。我们发现了问题，只知道空谈是没有用的，做出真正的改变才是根本方法。确实，造成现在这个局面，很大的原因是文化的缺失给人们心灵带来的归属感不强，人们的内心是空虚的，所以人们用刷手机来填补自己。让自己清醒起来吧！真正让心灵富足起来的方法绝不是通过虚拟世界可以得到的。到外面的世界去，与自然接触。如果你也像我一样，不堪其扰，不甘心被手机奴役，那么不妨试试以下几条：首先精简手机App。把那些容易让人上瘾、一点就耗费大量时间而对你的自我提升没有任何帮助的App全卸载掉，只留需要的。其次，少发、不发朋友圈。刷朋友圈也是浪费时间的一大原因，美妙世界不会因朋友圈的关闭就对你说“No”，好朋友更不会因少了你的点赞和评论而与你疏远。最后，培养兴趣爱好。如果找到了更好玩、更有趣的事情，相信我们就顾不上看手机了。如旅行、阅读、写作等，去发现、挖掘生活中无处不在的乐趣。除了手机，你还有诗和远方。

每每遇到“双十一”“双十二”，我知道很多同学都清空了购物车，但我想问大家，我们真的需要这些商品吗？我听到有些人回答：“好像未必。”有人会说是因为去年的裙子不再时尚，配不上今年的我。那你知道时尚的本质是什么吗？有人会说时尚就是一种大家都喜欢的艺术吧。其实时尚并非单纯是艺术，它也是商品逻辑下的一个工业体系，是消费主义的产物。流行什么不重要，重要的是新的流行可以激发人们的购买欲。当然，适度的消费是促进生产力发展、促进财富积累的必要前提。马克思指出，在资本逻辑主导的社会中，资本为了满足自身无限增值的需求，会不断加速商品的生产与消费进程，人们不断生产、不断消费，从而导致对自然界的掠夺式开发，这便是引发生态危机的根本原因之一。因此，面对消费主义狂潮，大家需保持理性。

最近一段时间，我在翻看新闻时发现人工智能也成了一个热词。说起人工智能，大家的第一反应是，这和马克思主义有什么关系？其实，看似两个距离遥远、毫不相干的内容，实则有着千丝万缕的联系。在马克思关于未来社会的论述中，生产力的发展和物质财富的丰富是基本前提，而这都离不开科学技术的进步。另外，从人的角度来说，人工智能可以将人从一些危险、枯燥、机械的劳动中解放出来，让人有更多闲暇时间实现自我发展，从事创新性活动。这便是通往“人的自由全面发展”的必由之路。但在这个过程中，我们需充分注意对生产关系的改造，因为如果在私有制主导的生产关系之下，很多劳动者不仅无法共享人工智能的红利，反而会因为人工智能丢掉工作，陷入新的贫困。由此可见，人工智能会将人类带向何方，在很大程度上取决于特定社会的生产关系性质。

为什么说马克思主义没有过时呢？这就不得不提

一个词——阶层固化。“阶层固化”这个词相信有很多人都知道，现在已经非常流行了，哪怕是中学生也会说这个词。“阶层固化”成为回答一切问题的答案。比如：为什么我找不到女朋友？因为阶层固化了。为什么我工资低？因为阶层固化了。为什么我考不上大学？因为阶层固化了。为什么中国现在经济发展减速？因为阶层固化了。很多人天天用这个词，但是有多少人认真思考过这个词。

阶层，大体上可以理解成社会中的一个群体，这个群体在日常生活中相互交流频繁，流动迅速，而且相互自认为属于同一个社会层级，那么这个群体就可以视为一个社会阶层。那阶层固化是什么？顾名思义，就是不同阶层之间难以相互流动，人们始终保持在一个社会阶层内。要注意的是，一般话语中说的流动，实际上都是指向上流动。因为想要向下流动太简单了，其实就是说跨阶层的上升通道变得狭窄，成功率变低。

那阶层固化好不好？肯定会有人出来说“不好！”但这就是典型的没有思考的回答。做一个假设，假如一个社会的阶层完全流动顺畅，而且是想流动就能流动的，那其实我们可以用一个词来概括这个社会，那就是“混乱”。看看人类历史就知道了，战争时期，混乱时期，国家越乱，流通越迅速。事实上，社会阶层的总体稳定程度一般与一个国家的稳定程度成正比。因此阶层固化实际是社会稳定之后的必然结果，大家各司其职，各干各的。那阶层固化是好事？当然也不是。完全失去流通能力的社会会陷入沉寂，社会没有活力，社会发展接近于停滞，矛盾也难以宣泄，只能像吹气球一样慢慢膨胀，而一旦出现一点火星，就可能产生严重后果。所以说，社会阶层固化是社会稳定的必然结果。越是稳定的社会阶层，流动越少，但是也会导致社会活力减少，难以继续发展。而社会阶层的跨级流动本身就不应该是常态，过多的跨级流动会导致社会动荡。真正衡量社会阶层固化程度的指标，应该看的是逐级向上流通的难度。

在我们的日常生活学习中，经常会见到有群众或媒体讨论：社会阶层已经固化了吗？寒门已经难出贵子了吗？2017年，北京文科高考状元熊轩昂在接受媒体采访时的一段视频引爆网络，再一次引发舆论对阶层固化的关注和讨论，相信大家也有看到过。还有“学区房”话题引发舆论热议，不少网民表现出担忧、焦虑情绪。有学者撰文分析认为：“高房价是阶层固化的表征，学区房不仅是学票，更是阶层晋升的入场券；谁也不甘心、也不敢在这场资产盛宴中置身事外。”还有“中产教育鄙视链”观点，在网络上也是一度热传。背后实际反映出公众对教育改革、教育公平的深度关切，而在网民相关讨论中，中等收入群体对于“阶层固化”的担忧不断显现。

在“阶层固化”论不断升温、民众担忧情绪进一步滋生过程中，主流媒体通过各类渠道对这种说法给予驳斥，一定程度上增强了舆论引导的力度。比如，《人民日报》曾发表文章《社会稳定不等于阶层固化——全面深化改革不断畅通社会流动通道》，旗帜鲜明地指出社会对“阶层固化”担心是没有必要的。“改革开放以来，我国经济持续快速发展，与之相伴的是大规模的社会流动，经济社会发展充满活力。我国的社会流动既包括不同地域之间的横向流动，也包括职业、收入方面的纵向流动。进入新世纪以来，我国依然保持着较大规模的社会流动，并不存在阶层固化问题。”此外，在生活当中其实寒门也不乏“贵子”。比如，曾引发舆论热议的甘肃定西19岁考生魏祥。魏祥身患重度残疾，生活全靠母亲照料。由于其父早年因病离世，多年来母亲为其求学付出了艰辛努力。高考时魏祥取得648分的优异成绩被清华大学录取，他的经历给清华校训“自强不息”以最好的诠释，也恰恰说明了寒门还能出贵子。这些例子有很多。

其实阶层固化是不可避免的，因为它是分配体系成熟的必然表现。再有，其对于社会是有意义的，有两句话：存在即是合理，一个事件或现象不会凭空出现或消失。这是说，一切事物都是必然的偶然，也是偶然的必然。我们可以利用唯物辩证法中质与量的辩证关系来分析这个现象，要学会用马克思主义的观点分析社会问题，用辩证的眼光去看待事情。你会发现马克思主义没有过时，其实就在我们的身边。

作为一个马克思主义理论专业毕业的学生，我也遇到过一些烦恼，就是每当别人问我，你学的是什么专业，我说马克思主义理论时，他们会有几种不同的反应。有人说，你是学思想品德的；有人说你是搞政治的，当官的；甚至还有人说你是搞斗争的。在介绍自己专业的时候，我听到最多的一个词就是“洗脑”。当时的我很苦恼，不知道该怎么办，直到我看到了一位老师的一段话，茅塞顿开。他就是北京大学马克思主义学院的青年教师李健，是一位学生们喜欢的思政老师。他说过这么一句话：认为马克思主义是用来洗脑的，这本身就是一种被洗脑的表现。在李健看来，正确区分科学和洗脑术十分重要。科学就是用正确的理论去解释你的生活，指导你的实践；而洗脑术就是对方站在你的对立面，却让你相信对立面的利益就是你的利益，最后你选择了站在对立面一边。所以，今后如果遇到了相关的问题，我不会再困惑，而是勇敢地站出来和他们解释清楚，我们身边的马克思主义不是洗脑术，而是科学。

谈到毕业，大家能想到什么？是拍美美的毕业照片，还是去跳蚤市场淘一些好货，或者，会想起曾经坐在你自行车后座的女孩以及睡在你上铺的兄弟。毕业的话题里离不开就业，“你想找个什么样的工作呢?”有人说我想找一个能实现自身价值的工作，还有人说清闲的或挣钱多的工作……当然青年的择业观大部分是积极向上的，但是也有一部分人的想法不一样，总的概括就是想找一个“钱多、事少、离家近”的工作，这曾经一度是网络上找工作最流行的模板，那马克思对于这个问题是怎么看又是怎么做的呢?

想当年，马克思的姨妈和姨夫开了一家公司，就是大家都知道的“飞利浦”公司。如果马克思当年接受了姨妈的橄榄枝，也许世界上会多一位商业领袖。

马克思曾经担任《莱茵报》的主编，可以说是非常好的工作，而且是稳定的铁饭碗。但是在1842年10月，马克思毫不留情地对当朝普鲁士政府抓捕贫穷的下层人民的举动提出了严厉批评，结果报纸遭到查封，他也被迫辞去职务。世界上从来都不缺马编辑，但缺一个马克思。

钱也不挣、官也不当，子承父业，做个体面的知识分子怎么样？马克思的父亲亨利希是当地非常出色的律师，他希望孩子在自己的树荫下乘凉。对马克思来说，当然不满意，他希望大家知道他，是因为他的思想理论，而不是亨利希的儿子。

那么，马克思到底想干什么？大家都知道马克思在17岁时写的一篇论文《青年在选择职业时的考虑》，是马克思择业观的一个集中体现。主要包括三个内容：首先找一个自己喜欢、感兴趣的工作，而不是别人眼里的好工作。其次学会创造性的劳动，而不能只是简单机械的重复性劳动。最后把个人的成长和社会进步联系在一起。其中写到“如果我们选择了最能为人类而工作的职业，那么，重担就不能把我们压倒，因为这是为大家作出的牺牲……我们的事业将悄然无声地存在下去，但是它会永远发挥作用，而面对我们的骨灰，高尚的人们将洒下热泪”。马克思在17岁的时候就树立了为人类幸福而工作的志向。他的一生都在为穷人说话，为人民而战斗，为自己的理想而奋斗。那么我们青年在择业时，到底应该怎么做呢？这个世界从来没有任何一件工作叫“钱多、事少、离家近”。职业的选择很重要，但它只是一个开始。选择你爱的职业，然后潜下心、弯下腰，低头努力、创造创新，这样才能把一个普通的选择变成一个成功的选择。

把我们的视线转回国内。1982年，有一个人做了这样一件事，当一些年轻人开始下海经商、出国留学的时候，他却主动放弃留在北京工作的机会，毅然决然地下基层回到农村去工作。他，就是习近平。他当时认为国家已经步入以经济建设为中心的时代，在地方上接触的事物更全面、更接近民生民情，对自己的全面锻炼更有力。于是他毅然决然要下基层回农村去工作。群众，在习近平总书记心里有着最重的分量；基层，是他去过最多的地方。

习近平总书记对青年的择业也给予具体指导，认为当代大学生要志存高远、脚踏实地，转变择业观念，坚持从实际出发，勇于到基层一线和艰苦的地方去，善于在平凡岗位上创造不平凡的业绩。

我们的身边也有一些择业的小故事。曾经，山西财经大学的毕业生中就有这样一对情侣——谷涛和凯丽。

1120天的故事集，信任是最好的红娘。“待着别动，我去找你”，是谷涛讲的第一句情话。在南北校往返的疲劳路途中，凯丽坐过了车站，大一的小姑娘慌乱中联系身为朋友的谷涛，当时他在电话里讲了这句话。

陪伴是最长情的告白。他们一起学习，一起考证，一起努力向前。考取了普通话等级证、教师资格证、证券从业资格证、计算机二级三级证、花式跳绳二级证……

旅途是情感的催化剂。大学四年，他们走遍了祖国各地的大好河山，五台山、云丘山、小西天、蒙山、尧庙、晋祠、天津、北京……

放弃也是一种付出。听到凯丽想要援藏的计划，谷涛毅然放弃在一线城市发展的机会，在援藏专招计划截止的最后一天争取到报名资格，选择和女友一起援藏……

所以说青年不仅要有正确的价值观，还要有正确的择业观，以此指导实践，保持定力，不忘初心，就会发现马克思主义其实离我们并不遥远，恰恰就在我们身边。

二、马克思主义在身边之新时代解读

尽管当前的时代环境已经与马克思所处的时代有诸多不同，但是人类社会依然处在“每个人的自由发展是一切人的自由发展的条件”的求索之路上。

马克思主义在“西学东渐”中来到了中国，随后成为中国共产党人的信仰和真经。习近平总书记曾经指出：“不了解、不熟悉马克思主义基本原理，就不能真正了解和掌握中国特色社会主义理论体系。”马克思主义从此成为广大党员干部的“必修课”。但是，不能不提的是，某些人却以批评和嘲讽马克思主义为时尚、为噱头，认为马克思没有见到过飞机，列宁没有听说过卫星，毛泽东没有上过互联网，邓小平也没有用过微信，认为马克思主义不能指导当今的现实，怀疑100多年前的理论对于今天的实践还有没有指导意义。这些批评者和嘲讽者认为在全球化不断发展的今天，马克思所批判的那个时代已经一去不复返。马克思主义只有在“那个工厂林立，到处充满饥饿暴动的世界里，那个以数量众多的工人阶级为标志的世界里，那个到处是痛苦和不幸的世界里”才多少有些用处。

这种批评无疑是粗陋的，这些人根据马克思主义学说创立的时间和时代背景来判断马克思主义已经过时，没有看到马克思主义的真正生命力。事实上，一种理论是否过时与创立时间没有必然关系，时代变迁不会导致马克思主义褪色；一种理论是否过时与创立条件没有必然关系，条件更新不会导致马克思主义失语，关键性因素在于这种理论是否反映了事物的根本规律，这种理论是否能提供超越时代、颠扑不破的真理。马克思主义告诉我们的是“从哪里来，到哪里去”的人类社会发展的一般规律，告诉我们的是具有真理性和普遍性的普世性内容。在一定意义上，马克思主义随时代发展而发展，依然是我们这个时代的真理，依然是我们这个时代的精神基石，我们依然生活在马克思所预言的时代。

“马克思仍然是我们的同时代人”，这句话是借用当代马克思主义学者俞吾金教授的研究结论。俞教授在《重新理解马克思主义》一书中说道："当我们强调马克思仍然是我们的同时代人时，不但没有消去我们作为当代人的生活旨趣，恰恰相反，我们正在自觉地带着这种生活旨趣去认识马克思。在这一认识的视野中，马克思的理论形象不再是模糊不清的，而是突然变得透明了，特别是他思想中与当代人的生活情趣有联系的侧面，十分清楚地向我们显现出来。"俞教授还借用国外马克思主义研究者的话来佐证自己的观点。"马克思主义仍然在为解释资本主义社会的当代发展提供理论来源，并且包含着仍然能够帮助我们争取改造当代资本主义的政治来源。马克思主义仍然具有对现时代进行理论概括和批判时代的资源，马克思主义政治学至少仍然是当代进步的或激进的政治学的一部分。"

在千年交替之际，在BBC的网上民意测验中，马克思被评为“千年思想家”。在路透社邀请数十位名人专家进行的“千年风云人物”评选中，马克思仅以一分之差名列第二。2003年，马克思在德国民众“最伟大的德国人”评选中位列第三。2005年，马克思在BBC“最伟大的哲学家”评选中位列第一。2008年国际金融危机全面爆发之后，英美等资本主义国家的诸多专家学者“再度发现”马克思主义，认为马克思的学说依然是当今世界的真理，认为在当今马克思的分析其实比以往任何时候都更加具有现实意义。前些时候，一首名为《马克思是个“90后”》的歌曲风靡网络，引发了极大关注。由此可见，马克思主义不仅在中国，而且在世界范围内都有着强大的生命力；不仅在从事党政工作的党员干部中，而且在广大的人民群众中都有着深厚的认同度。每当处于重大的历史时期，人们都不由自主地把目光转向马克思，从马克思主义中汲取精神力量。习近平总书记在“纪念马克思诞辰200周年的讲话”中指出，“马克思的思想理论源于那个时代又超越了那个时代，既是那个时代精神的精华又是整个人类精神的精华”。

正如德国哲学家汉斯·海因茨·霍尔茨所说：“马克思还活着，因为他的理论今天依旧适用，其思想对我们的鼓舞并未停顿。马克思是我们当中的一员，为我们照亮了当代社会，指明了未来的道路。”我们现在遇到的很多问题，如生态环境问题、人的生存发展问题等，依然要与马克思对话，到马克思主义中去寻找答案。在时代的不断发展和进步中，在中国特色社会主义实践的不断深入中，马克思主义面临着进一步中国化、时代化、大众化的问题。我们要响应时代和实践的号召，把握时代的发展特征，不断吸收实践的新内容，开辟马克思主义的新境界，使马克思跟随时代的步伐与时代共同发展，成为我们同时代的人。

习近平总书记说："走得再远、走到再光辉的未来，也不能忘记走过的过去，不能忘记为什么出发。"在马克思主义理论的引领和指导下，久经磨难的中华民族实现了民族独立与解放，从被动挨打到翻了身作了主。从站起来到富起来、从富起来到强起来，每一次飞跃、每一次进步都离不开马克思主义这一伟大理论的坐镇指导。正是因为有了马克思主义中国化的理论成果，才有了今日中国的发展成就，才有了今日国人的幸福生活。马克思主义理论并非是供奉于佛龛之上的神物，而是深入生活之中的道理。所以不是我们读不懂理论、感受不到理论，而是我们没能以正确的方式打开马克思主义理论。今天，我们大力推行高校思政课教育改革，推进马克思主义理论研究和建设工程，也都是为了推动马克思主义中国化、时代化、大众化。中国社会的发展与实践一次次证明，马克思主义就在我们身边，马克思主义永远不会过时，它只会随着社会的发展、时代的进步，不断充实新的内容、变换新的表现形式。这种新与变，只会更加科学地指导我国社会发展实践。正如习近平总书记所说："前进道路上，我们要继续高扬马克思主义伟大旗帜，让马克思、恩格斯设想的人类社会美好前景不断在中国大地上生动展现出来！"

消费的合理性何以可能

——基于马克思主义消费观的思考

山西财经大学　王素萍

指导老师　肖　巍

消费，是人类社会生存和发展的重要实践活动，是人类社会存在和发展的主题之一，其终极目标是实现人的自由全面的发展。信息化时代出现新的消费问题，比如炫耀性消费、攀比性消费、符号性消费等。这带来各种危机，包括信息安全危机、精神生活危机、生态环境危机等。过度消费满足的不再是人的合理的消费需要，物欲膨胀会导致消费异化，造成个体的幸福感偏离、社会资源分配不公、生态危机加剧。结合党的十九大报告，我们知道在拉动经济增长的投资、出口和消费这三驾马车当中，消费需求无疑是经济增长中最具有持久力的。但是理性消费是消费的重要尺度，简约、适度、节俭是我们生活的“初心”。我们要反对奢侈浪费与不合理消费，加快建立绿色生产和消费的政策导向和法律制度等。中国社会正在进入大众消费时代，人们追求美好生活的需要同样反映在消费升级的合理上。

一、“合理性消费”的内涵

消费问题不仅是作为一个经济问题而存在的，更是一个社会问题。当前的中国社会面临着“消费异化”的困扰，勤俭节约、自我约束的传统价值体系瓦解，人们无节制地消费，不断地向他人和自然索取，引起了个体幸福感日益削弱、社会资源分配不公、生态环境严重破坏等不良后果。在消费社会中，消费脱离了本来的意义，产生了“消费异化”现象。人们的物质生活水平得到了提升，而精神生活却变得不自由与空虚起来。人们倾心于现世物欲的满足和享乐，成为消费的奴隶，在“虚假的需求”中失去了自我，在“虚假的满足”中异化了自我，人的自由全面发展难以实现。

“合理性消费”是指在一定的消费水平的基础上实现消费结构的优化，以提高消费的效益。合理性消费注重消费支出各个项目之间的适当比例和相互搭配、消费品供给结构和需求结构的互相适应。客体满足主体的需要，即适用——效用与消费费用成正比；适度——消费某种物品对于消费主体的满足程度；可持续——平衡度的实现，生态消费是社会可持续发展之需，是未来消费的一种趋势。

随着消费方式多样化的兴起，消费在拉动经济增长的同时，也出现了消费异化的现象。圣贤孔子曾论述：“奢则不孙，俭则固。与其不孙也，宁固。”就是说，在“奢侈”与“节俭”的抉择中，孔子反对奢侈浮华的生活方式，坚持适度消费与消费合理的观念。孔子认为，“俭”的内涵有两层：一是节俭，吝惜；二是收敛与克制。我们应该倡导“合理消费”，提高消费的效益，使浪费降到最低，最终实现人类与社会的可持续发展。

二、消费问题的现状：匮乏与过剩

从不同的消费群体来看，比如：大学生消费群体，消费呈现多样化特点，以化妆品、服装、饮食、烟、娱乐、通讯、学习为主，另外还出现了炫耀性消费（购买奢侈品）等；工薪阶层消费群体，以房子、车子、餐馆、交通消费为主，很大一部分是为了满足家庭的需要；老年消费群体，消费以维持生命健康和享受为主，比如高价购买保健品、旅游等，央视曾经曝光有些老年人购买过假的养生帽、按摩椅、护肩、项链、上万元的床垫等。

通过比较得出，正视消费，才能幸福生存。

就消费而言，目前存在的问题如下：

（一）消费匮乏

贫困消费体现出的是人的需要和欲望处于匮乏、不被满足的一种状态，它束缚了人的自由全面发展，比如，房奴和车奴现象。

（二）消费过剩

每年的“双十一”，产品堆积如山，打折促销，快速消费……网络消费增势迅猛。商务部数据显示，2012年到2016年，我国网络零售额从1.3万亿元猛增到5.2万亿元。我国已经跃升为全球第一大网络零售国。全国农村网络零售额从2014年的5064亿元上升至2016年的8945亿元，同比增长76.8%。

（三）消费目的异化

目前，有些人的消费不再仅仅是为了满足需求而消费，而是被虚荣心和占有欲所驱使进行消费。正如弗洛姆在《健全的社会》中所说的那样："我们获得商品就是为了占有它们，我们满足于无使用价值的占有。"

（四）消费价值观异化

鲍德里亚在《消费社会》中说，人类进入消费社会，在物质丰富的同时面临一系列匮乏，给人们带来了心理上的压迫和焦虑。消费者宁愿付出更多的金钱和时间去购买"名牌"商品以寻找所谓的心理满足，消费者在消费价值观异化的状态下被物化成一种具有代表作用的社会符号，并被操纵。

（五）消费心理异化

随着西方消费文化观的不断渗透，一些贷款广告披着互联网的外衣，将青春当赌注——“花明天的钱，圆今天的梦”这种消费观正在盛行。大学生消费群体已步入提前消费的行列。今年二十出头的小静是一名大二的学生，为了买到心仪的电脑，在朋友的推荐下，小静开始接触网络贷款，没想到从此陷入还贷的无底洞，滑入“消费陷阱”泥潭……我们应该知道，套路贷的可怕、可恨与可恶，要依法打击套路贷！但大学生不合理的消费观也必须引起重视。调查显示，在为了弥补资金所带来的短缺时，有8.77%的大学生会选择使用贷款来获取资金，其中网络贷款占50%。

很多大学生在接触贷款的第一步时，其实就已经掉入了网络贷款的“陷阱”。校园贷运用低利息、便捷贷款等方式使得大学生“上当受骗”。由于虚荣心、某些不好的习惯，或者父母所提供的费用不能满足需求，有些大学生就会通过校园贷来获取资金，这样很容易让放贷人利用“高利贷”来威胁、恐吓学生还款，或者诈骗其保证金、抵押物等。还有一些学生因为缺乏自制力而过度消费，导致“利滚利”的恶果，这种状况可能会给学生带来生命危险。

三、马克思的消费批判理论

马克思主义消费理论指出，消费这一社会活动的目的是为了满足消费主体人的需求。结合马克思观点，我们得知，人能够生存的第一个前提就是基本的物质需求的满足，这种基本生存品的消费是人的最基本的消费。马克思将消费问题引进政治经济学领域，通过《资本论》阐述了生产、交换、分配和消费的关系。从历史唯物主义的角度出发，马克思认为资产阶级的奢侈消费是一种短暂的、放纵的个人行为，其将他人的劳动看作是毫无价值的存在物，这是对人本身的一种蔑视，是对维持他人生存的物的任意践踏。

马克思还对资本主义社会存在的不公平消费提出批判。一方面，马克思在对工人的消费水平进行调查时，发现工人因为贫困而缺乏营养；而另一方面，马克思也看到了资产阶级在消费中的奢侈与浪费。资本主义社会的这种不公平消费明显地反映出社会贫富差距巨大的状况。这种贫富两极分化的状况是由资本主义的本质所决定的，资产阶级要想获得更多的剩余价值，必然要压榨劳动工人的工资。

马克思从人类社会发展的视角，在批判古典政治经济学和资本主义社会，以及创立唯物史观的过程中阐述了其消费思想。马克思分析了人类社会一般意义上的消费及其与生产的关系，阐述了不同社会形态下的消费，揭露了资本主义社会的消费关系，指明了在共产主义条件下的消费才是属于人类的真正消费，是人的本真需要。马克思主张适度、公平、绿色的消费观。适度消费，既反对抑制消费，也反对奢侈浪费。马克思反对消费抑制，他指出："真正的经济——节约——是劳动时间的节约。而这种节约就等于发展生产力。可见，决不是禁欲，而是发展生产力……"

在马克思那里，消费不仅是一个经济问题，也是一个社会问题，而且还是一个哲学问题。马克思指出，"人们为了能够"创造历史，"必须能够生活。但是为了生活，首先就需要吃喝住穿以及其他一些东西"。这是唯物史观基本原理的经典表述。

四、"消费的合理性成为可能"的路径指向

（一）政府应从政策层面优化健全品牌的消费环境，以提振消费者的信心

完善城乡社会的保障体系是很有必要的。应该说

我们国家的社会保障体系是从很低的起点开始的，健全的社会保障制度可以减少低收入阶层的消费之忧。促进居民消费无疑是一个非常重要的手段和基本的支撑，可以提升居民对未来收入的预期。消费启动的主体是城乡居民，要实现消费启动，促进经济发展，必须要同时增加居民的收入和保障居民的生活安全。

（二）正确处理消费与人的自由全面发展的关系

消费也是一枚硬币的两面，科学的消费能够促进人的全面发展，不合理的消费则会阻碍人的发展甚至危及整个社会。通过合理消费，促进物质消费与精神消费的和谐统一，增进个人的幸福感；实现代内与代际的资源公平分配，构建节约型社会；倡导绿色消费，实现可持续发展及推进生态文明建设。

（三）消费与生态环境的辩证关系

“绿色消费”以人与自然环境的和谐统一为基

础，消费方式符合生态系统的要求，有利于生态平衡与环境保护，有益于人的身心健康，可以促进经济社会的可持续发展。

（四）要强化科学消费价值观的引领作用

科学消费可以给人们带来愉悦感与幸福感。要坚持走可持续消费之路。带动健康的消费观念和消费方式，遵循消费适度的原则。过度消费满足的不再是人的有限的合理需要，而是人的物欲膨胀，这就使消费与人的真实需要和商品的使用价值渐行渐远。

（五）消费市场的秩序化构建

围绕规范市场秩序，我国正积极开展消费领域突出问题的执法整治，进一步优化消费环境和营商环境。市场秩序的不断规范和建设，为促进我国消费市场平稳增长、推动消费升级提供了有力保障。营造规范有序、安全放心的市场环境，不仅仅是监管部门的职责，更是所有经营者的立身之本、兴业之基，应该自觉提升，深度融入。

（六）消费结构转型

未来经济的增长点将来自于创新型消费、服务消费等新的消费增长点。

中高端消费应着力培育新的增长点。稳步增长的同时，消费结构升级明显，新兴热点不断释放消费潜力。线上线下相结合的业务保持活跃，在线医疗、在线教育等持续扩大，交通出行、旅游住宿、餐饮外卖等领域的新型消费迅速兴起。

（七）完善促进消费机制创新

党的十九大报告中提出，要完善促进消费的体制机制，当前制约消费增长的主要问题还在于体制机制的问题。如何破除影响消费的体制机制障碍，释放消费潜力，创造更多的政策红利非常重要。与以往利用补贴政策促进消费的方法不同，未来促进消费增长的方式，应该是进一步深化供给侧结构性改革，通过简政放权和放管服的改革，使消费增长的体制机制更加完善。例如支持中华老字号的发展，建设特色商业街，鼓励电商平台、零售企业建立有品质的专区、专柜，推动名品名店名区的联动，拓展品质商品的销售渠道等。此外，品牌消费将成为我国消费升级的重要引擎，也将迎来巨大的市场空间。消费者将不仅关注品牌，还会关注品牌背后的文化和内涵。具体而言，出台包括优化进口审批手续、增设进境免税店、简化离退税手续等政策措施的一系列“政策组合拳”。

（八）分配公正促进合理消费的实现

分配不合理，必然导致消费水平、消费结构、消费方式等方面的不合理，从而阻碍合理消费的实现。因此，我们应该通过分配的公平来促进消费的公平。

马克思主义的根本特点是实践性、人民性、辩证性。只有掌握了马克思主义理论，才能逐渐形成自觉的行动。马克思主义大众化是指采用通俗易懂的形式及方法，普及马克思主义的基本理论及观点，运用马克思主义理论，采取针对性的破解之策，提高解决实际问题的能力。马克思主义大众化的传播，要突出时代感、冲击力，要与时俱进，提高传播水平，推动改革开放和新时代中国特色社会主义事业不断向前发展。因此，全面传播马克思主义理论，让马克思主义普及到各个阶层，有利于深化政治认同，形成磅礴的力量，夯实团结奋斗和凝聚力的思想之基。新时代，我国社会的主要矛盾已转化为人民日益增长的美好生活需要和不平衡不充分的发展之间的矛盾。本专题呈现大众化需求，也需要大众具有正确的政治方向，深化消费领域的改革。生产性消费就是投资，关键是要把握好投资方向、投资比例、投资效益。用正确的消费价值观协调物质消费与精神消费之间的关系，培养科学、理性、文明、责任的消费观。

坚定文化自信，建设文化强国

太原学院　闫晓平

指导老师　董雅华

2019年4月15日，巴黎圣母院发生火灾，引起了全世界的关注，其实没有这场火灾，我们看到巴黎圣母院也会想到法国，就像我们看到长城就会想到中国，看到金字塔就会想到埃及……

谈到英国人时，就会想到绅士风度；谈到法国人时，就会想到浪漫；谈到德国人时，就会想到认真严谨；谈到美国人时，就会想到直率坦诚；谈到中国人时，就会想到含蓄平和……

在日常生活中，我们看到言谈举止大方得体的人，就会由衷地赞叹，有素质，是个文化人；相反，当我们看到言谈举止粗俗的人往往会鄙视地说一句，没素质，没文化。

谈到文化，我们会想到文人的琴棋书画、诗人的风花雪月，那到底什么是文化呢？

文化是相对于经济、政治而言的人类全部精神活动及其产品。它相对于国家的政治、经济、军事等硬实力呈现出一种柔性的特征，所以被称为软实力。软实力看不见、摸不着、难以计量，表现为精神、情感、智慧、道德情操等，这些方面的力量就属于软实力。这样一种力量何以被重视呢？

一、文化何以被重视

（一）文化可以立国

作为当今世界头号强国的美国，早在其成立之初便在《独立宣言》中宣告："人人生而平等，造物者赋予他们若干不可剥夺的权利，其中包括生命权、自由权和追求幸福的权利。"自此以来，美国价值观指引和激励着一代又一代的美国人不断地探索和追求，也推动着建国只有200多年历史的美国迅速发展成为当今世界头号强国。

被誉为"日本现代教育之父"的福泽谕吉认为，一个民族能崛起，要依次改变三个方面：第一是人心的改变，第二是政治制度的改变，第三是器物与经济的改变。把这个顺序颠倒过来表面上看是捷径，但最后是走不通的，这个思想就代表一种由虚而实的"文化立国”理念。第二次世界大战后，日本再次从一片废墟上崛起，从现象看是经济繁荣的结果，从本质看还是“文化立国”在起作用。20世纪末，日本从国家发展战略层面正式提出了“文化立国”战略。

（二）文化可以富国

我们说美国强，强在哪儿？美国作为当今世界唯一超级大国，不仅掌握了经济霸权、军事霸权，而且还建立和扩大了文化霸权。美国的文化产业在国民经济中的比重现已上升到第4位，美国的影视业已成为全球居于前列的创汇产业，与其航天航空业和现代电子业并驾齐驱。在美国400家实力最强的公司中，四分之一是文化企业。美国目前控制了世界75%的电视节目和60%以上的广播节目的生产和制作，美国好莱坞生产的电影产品，在世界电影市场的总体占有率达80%。美国的很多文化企业集团，比如美国新闻集团、美国时代华纳、迪士尼等，都是世界500强。美国大片多得数不过来，多部影片创下很高的票房纪录。如《功夫熊猫》《阿凡达》《星球大战》《指环王》等都在我国创下很高的票房纪录。

再来看日本。文化产业一直以来是日本的支柱产业，日本的文化产业产值已超过汽车工业，文化产业年产值占到了GDP的17%；日本还在120多个国家和地区占有一定的电视节目市场份额，掌握了全球8%以上的电视节目主导权；日本电影产品占全球票房的6%，并在世界150多个国家和地区放映；日本有800余家唱片发行公司，其产值总和达到136亿美元，占全球唱片市场的2%；日本的动漫产业、网络游戏产业位居世界第一。《哆啦A梦》《天空之城》等都为我们熟知。日本不仅通过文化产业带动了其经济增长，也使其成为全球一大文化辐射源。

2017年，韩国文化产业销售总额达到110.53万亿韩元（约合人民币6529亿元），同比增长4.8%，文化产业出口68.9亿美元，同比增长14.7%。具体来看，广电、游戏、出版、漫画、知识信息分别增长20%、19.2%、17.9%、16%、11.2%，呈现全面均衡发展局面，现已成为世界第五大文化产品与服务出口国。

（三）文化可以强国

文化的本质或者说核心是价值观，为什么说文化可以强国，就在于文化可以塑造人。按照马克思主义政治经济学的观点，人是生产力中最活跃的因素，也是最重要的因素。人的素质、思维方式、价值观决定了一个人的行为方式。所以说，一个好的文化能塑造一个好的人。

来看德国，德国经过了两次世界大战，实际上每一次世界大战对这个国家来说都是毁灭性的打击，但是它最后又强大起来了，为什么？很多人研究发现，德国的教育非常独特，他的教育特别注重人的品行塑造，讲诚信，努力工作，这样塑造出来的国民是高素质的。

习近平总书记说，如果没有共同的核心价值观，一个民族、一个国家就会魂无定所、行无所依。历史和现实无不表明，核心价值观是一个国家的重要稳定器，关系社会和谐稳定，关系国家长治久安。

二、我国何以要建设文化强国

自改革开放以来，我国经济迅速发展，取得了举世瞩目的伟大成就，成为仅次于美国居世界第二的经济体，并正在向世界经济强国迈进。但是长期以来，我们偏重经济建设，导致文化建设落后于经济建设，国际文化贸易逆差较大，导致我国文化软实力落后于欧美和亚洲一些国家。为了使经济建设和文化发展相平衡，迫切需要增强我国的文化力量，形成文化优势，建设文化强国。一方面，我们应看到，伴随经济的发展，我国的思想文化建设取得了重大进展，比如“国学热”在国内的升温，“汉学热”在世界的流行，中国元素在品牌服饰、外国文艺作品中的运用（美国大片中的熊猫、功夫、花木兰等）。与此同时，我们还应看到我国在文化建设方面还有许多不尽如人意的地方，面临各种挑战。

（一）面临西方文化同化挑战

美国凭借其文化优势，用“三片”，就是好莱坞大片、薯片（快餐文化）、芯片（微软操作系统）来影响我们。我国多年来反“西化”“分化”、反“和平演变”，但我们青年喜欢什么？是喜欢中国传统文化，还是喜欢美国“三片”？我们会感受到文化上被悄悄同化的浪潮袭来。长此以往，民族文化就可能荒漠化，这是非常危险的。

进入21世纪以来，随着韩国影视剧、流行音乐、韩国明星登陆中国大陆，一股强劲的“韩流”一夜之间吹遍大江南北。它吸引着众人的眼球，更让年轻人如痴如醉，疯狂前卫。韩国的文化就像韩国的泡菜一样，以平实的特质和独有的魅力吸引着众多的中国电视观众。2017年《来自星星的你》女主角千颂伊的那句对白："下雪了，怎么能没有炸鸡和啤酒"，让原本毫不相关的两样东西，邂逅在一起，成了年轻人口中的时尚，也成为最火的"节令"套餐，把炸鸡炒到火爆、炒到极致！看韩剧学服饰搭配也成为年轻人的时尚。

（二）面临资本文化物化挑战

英国伟大的文学家、著名的戏剧家莎士比亚在《雅典的泰门》这部戏剧中有一段话，生动描述了金子在一定社会关系中的巨大变异力量。他写道："金子啊，多么神奇的力量！黄黄的、发光的、宝贵的金子！只要那么一点点儿，就可以使黑的变成白的，丑的变成美的，错的变成对的，卑贱变尊贵，老人变少年，懦夫变勇士。它可以使异教联盟、同宗分裂；它可以使窃贼获得高位，使恶棍受到敬爱；使歪脸的流氓得到少女青睐，使鸡皮黄脸的寡妇再做新娘；即使她满脸都是流脓的恶疮，也会被认为是娇艳无比的美娇娘！这就是金子，这就是金子的伟大力量！”历史发展到今天，资本物化现象在我国也是存在的。这会造成什么现象呢？

比如，现在社会上有些领域存在诚信缺失的现象。如企业缺失诚信，出现了“三鹿奶粉”“毒胶囊案例”“地沟油”“假疫苗事件”以及盗版影像制品、虚假广告等假冒伪劣案例；个别地方政府缺失诚信，出现了政策多变、不守承诺、暗箱操作、弄虚作假、欺上瞒下等行为。

人们理想信念缺乏，从腐败分子走上犯罪道路的轨迹看，一个共同的规律就是理想丧失，信念动摇，不信马列信“大师”，不问苍生问鬼神。淡忘了为人民服务的宗旨，世界观这个“总闸门”“总开关”出了问题，一些人口头上讲的是一套，行动上却是另外一套，一些落马高官就是典型的“两面人”；还有一些人缺乏奉献精神，干工作讲条件，图报酬，“无利不起早”。

某官员一心想着依靠“大师”指点升官发财，结果被一伙骗子骗得团团转。某官员非常迷信，经高人指点，他把自己的办公室布置成“靠山向阳”的模式。把办公桌放在办公室入口旁，正对着窗户，自己出入虽然不方便，但办公时正好对着窗外阳光，美其名曰“向阳”。座位背后的墙上挂上一幅山水画，又所谓“靠山”。满脑子升官发财。一伙骗子正是抓住他既迷信又贪婪的特点，骗走180万元。

社会道德出现滑坡现象，比如“重庆公交车坠江事件”，高铁上频发的“霸座事件”“青岛大爷公交车事件”，以及几年前的“小悦悦事件”和遇到老人摔倒还要纠结要不要扶等现象。

（三）面临主流文化虚化挑战

现在，全球化、资本化、网络化已经打破了主流文化一统天下的局面，在激发人类内在精神活力的同时，也带来了各种非马克思主义与马克思主义、资本主义与社会主义的巨大分歧、争鸣与争锋，使中国特色社会主义主流文化面临前所未有的挑战。主流文化在一些人的心目中已经变得非常虚化，主要表现在三个方面：一是虚化历史传统。就是我们的传统文化往往处在被戏谑、被恶搞的局面之下。二是虚化政府权威。政府权威面临着多种质疑性的围观、质问性的喧嚣，无形中降低或虚化政府的权威性、合法性等。三是虚化人的心灵。可以说现在的社会文化，特别是网络文化，出现良莠不齐、鱼龙混杂的文化环境。这种文化环境使一些人心灵也被空前地虚化了。表现就是在社会生活中一些人“七大皆无”，无理想、无信仰、无追求、无兴趣、无爱心、无静心、无斗志。这样的文化局面对增强中国文化自信，对支撑中国社会发展进步、和平崛起构成了巨大威胁。

（四）面临宗教矛盾泛化挑战

当今世界五大文化区处在互动中，相互交织，相互影响，甚至相互冲突和融合。在这样的局面下既存在着一些传统宗教，像基督教、伊斯兰教、佛教等的互动，同时各种宗教的对话、碰撞日益凸显，涌现了大量的新宗教，也出现了一些方法、矛盾泛化效应波及我国，威胁国家安全。

以上这些问题都是我们在当前发展中急需解决的。一个国家的伟大首先在于文化伟大，一个国家的强大关键在于文化强大。因此，我国的文化强国战略产生了。

三、文化强国怎么建

（一）清醒坚定，牢牢把握意识形态领导权

习近平总书记强调，意识形态工作是我们党的一项极端重要的工作。因为它关系到党的前途命运，事关国家长治久安，事关民族的凝聚力、向心力。为什么这么重要呢？历史经验表明，一个政权的瓦解往往首先从思想领域开始，政治动荡、政权更迭可能是一夜之间的事情，而思想演化却是长期的过程，思想防线守不住，其他防线就都守不住了。

本来苏联是和美国并驾齐驱的超级大国，这样一个超级大国，为什么呼啦啦一夜之间四分五裂、土崩瓦解？世界各国的政治家、思想家、外交家、战略家都在研究。有人说，那是因为苏联工业布局不合理，重工业太重，轻工业太轻，忽视了民用工业；有人说

是因为苏联没有搞好民族关系；有人说苏联的制度太僵化、太集权、不民主；有人说苏联与美国搞军备竞赛，被美国拖垮了。这些说法多多少少都有一定的道理，但是一个最深层次最根本的原因是苏联意识形态防线崩溃了。文化软实力大厦倾倒，意味着失去舆论的支撑、理论的支撑，失去了人心。而美国却特别重视意识形态工作，在苏联周围建了60多个电台，一天24小时全天候对苏宣传西方的自由、民主、人权、价值观，揭露苏联的阴暗面，而且特别讲究方法、策略，用的是这个人的回忆录、那个人的亲历记，这个人写的纪实、那个人写的历史见证，让苏联人听了是真事似的。这样，苏联的意识形态越来越乱，越来越西化，加上戈尔巴乔夫上台以后搞的改革都是短期行为，老百姓得不到实惠，最终导致苏联解体。

因此，习近平总书记讲，必须把意识形态中的领导权、管理权、话语权始终牢牢掌握在自己手里，任何时候都不能旁落，否则就会犯无法挽回的历史性错误。习近平总书记这一论断是清醒而及时的。苏联解体、东欧剧变、“颜色革命”“阿拉伯之春”所出现的政治动荡和政权更迭，虽然具体原因不同，但手法很相似，反对派毫无例外都是从街头革命舆论战开始，首先把意识形态搞乱。

（二）凝魂聚气，培育核心价值观

当今中国所有信仰信念、思想道德、党风民风、国家认同、社会治安等文化和社会问题，说到底，都与核心价值观密切相关。从长远来看，培育和践行社会主义核心价值观，是攸关民族兴衰、国家存亡的重大战略问题。习近平总书记审时度势，反复强调，核心价值观是文化软实力的灵魂、文化软实力建设的重点。这是决定文化性质和方向的最深层次的要素。一个国家的文化软实力，从根本上说，取决于其核心价值观的生命力、凝聚力、感召力。

习近平总书记指出："人类社会发展的历史表明，对一个民族、一个国家来说，最持久、最深层的力量是全社会共同认可的核心价值观。"一是因为核心价值观事关一个民族、一个国家的精神追求，没有精神追求的民族和国家就没有信仰，没有敬畏，没有方向，难免停滞和沉沦。二是因为核心价值观事关一个民族、一个国家是非曲直、真假善恶、正谬美丑的价值判断标准。一个没有价值判断标准的民族和国家，不可能自立于世界民族之林，不可能赢得国际尊重。

因此，树立全民族共同认可的核心价值观，对于当代中国来说，尤其具有重要启迪和警示的作用。我国是世界上人口最多的国家，国情复杂，发展不平衡，矛盾积累多，正面临社会转型、变革激烈的时期。特别是在互联网迅速发展的时代，各种信息蜂拥而来，真假难辨，使中国社会统一思想、凝聚共识的难度越来越大，非常需要确立一个能够反映全国各族人民普遍认同的核心价值观，否则就很难确立共同理想信念、维护社会安定团结、推动国家健康发展。

富强、民主、文明、和谐，自由、平等、公正、法治，爱国、敬业、诚信、友善的社会主义核心价值观回答了我们要建设什么样的国家、建设什么样的社会、培育什么样的公民的重大问题，是社会主义核心价值体系的精髓，是兴国之魂。

培育和践行社会主义核心价值观，要把社会主义核心价值观融入社会生活各个方面。一种价值观要真正发挥作用，必须通过强化教育、引导、舆论宣传、文化熏陶、实践养成、制度保障等，将其融入社会生活，让人们在实践中感知它、领悟它，达到老百姓“日用而不知”的程度。培育和践行社会主义核心价值观，要注意把我们所提倡的与人们日常生活联系起来，在落细、落小、落实上下功夫。要把社会主义核心价值观的要求融入各种精神文明创建活动之中，吸引群众广泛参与，培育文明新风尚。要利用各种时机和场合，形成有利于培育和践行社会主义核心价值观的生活情景和社会氛围，使社会主义核心价值观的影响像空气一样无所不在、无时不有。培育和践行社会主义核心价值观，要坚持全民行动、干部带头，从家庭做起、从娃娃抓起。人民有信仰，民族有希望，国家有力量。

如果绝大多数中国人都认同并自觉践行社会主义核心价值观，中华民族伟大复兴的中国梦必将得到顺利推进而更早实现。这正是习近平总书记强调培育和践行核心价值观的要义所在。

（三）固本培元，弘扬中华优秀传统文化

面对改革开放和市场经济条件下一些人信仰缺失、道德滑坡、人格扭曲、国家意识淡薄、民族自尊自信失落的现状，习近平总书记敏锐地意识到，为了

实现中华民族伟大复兴，除坚持道路自信、理论自信、制度自信外，还必须增强文化自信，而文化自信的关键是对中华传统文化的自信。因此，他在一系列关于文化强国战略的重要讲话中，频频提及中华传统文化，强调“中华优秀传统文化是中华民族的突出优势，是我们最深厚的文化软实力”，强调“培育和弘扬社会主义核心价值观必须立足中华优秀传统文化”，强调“建设文化强国，必须立足于中华优秀传统文化的根基，汲取营养，获取力量，赋予时代精神”。

中华民族上下五千年，创造了光辉灿烂、博大精深的古代文化，包括很多可以跨越时空、超越国度、富有永恒魅力、具有当代价值的文化精髓。先秦以来，中华优秀传统文化，至少有以下九个方面的内容至今仍然富有生命力。一是自强不息的刚健精神：“天行健，君子以自强不息”；二是崇尚气节的爱国精神："人生自古谁无死，留取丹心照汗青"；三是做人要有信仰、有操守："富贵不能淫，贫贱不能移，威武不能屈"；四是经世致用的务实精神：主张积极入世、报国救世；五是人定胜天的能动精神："制天命而用之"；六是厚德仁民的人本精神："仁者爱人""己所不欲，勿施于人""民为贵，社稷次之，君为轻"；七是"天下为公"的"大同"理念："先天下之忧而忧，后天下之乐而乐"；八是包容多样、尊重他人的民主精神："君子和而不同"；九是尊重规律、"道法自然"的哲理智慧：主张"天人合一"、无为而治。

当然，中华优秀传统文化的精华远非仅有以上九个方面，围绕治国、理政、统兵、作战、励志、勤学、礼贤、智谋、实践、哲理、文艺、体育、中医等方面还有很多深刻的思想，都是文化强国建设重要的文化资源。只要遵循习近平总书记的教导，去粗取精、去伪存真，充分发掘和弘扬传统文化中的精华，文化强国建设必然拥有深厚的文化底蕴和富有民族特色的魅力。

（四）基因传承，继承红色革命文化

从辛亥革命到五四运动，从全民族抗日战争到全国解放战争，从旧民主主义革命到新民主主义革命斗争的伟大胜利，形成了一部反对不公、反抗侵略、追求富强民主、实现中华民族伟大复兴的曲折革命斗争史。红色革命文化正是中华民族革命斗争史的高度文化凝聚，展示了中华文化独特魅力。提高国家文化软实力，建设文化强国，必须继承红色革命文化。

理想因其远大而为理想，信念因其执着而为信念。“砍头不要紧，只要主义真”，“敌人只能砍下我们的头颅，决不能动摇我们的信仰”，这些视死如归、大义凛然的誓言生动表达了共产党人对远大理想的坚贞。当我们见到任何一个革命文化遗存，都会感受到心灵的震撼、精神的洗礼，潜移默化之中彰显的是核心价值观的生命力、凝聚力、感召力。我们应通过广泛的宣传教育和探索实践，增强革命文化的吸引力和感染力，使革命文化的红色基因更好地融入社会主义核心价值观，成为催人奋进的精神指引。

多年来，习近平总书记遍访革命圣地，率先垂范继承革命文化，助推实现中华民族伟大复兴中国梦的战略远见十分清晰。他带头总结阐释红船精神——开天辟地、敢为人先的首创精神，坚定理想、百折不挠的奋斗精神，立党为公、忠诚为民的奉献精神，要求结合时代特点大力弘扬；他强调弘扬井冈山精神——坚定执着追理想、实事求是闯新路、艰苦奋斗攻难关、依靠群众求胜利，让井冈山精神放射出新的时代光芒；他呼吁召唤伟大的长征精神，走好新时代的长征路；他赞扬伟大的抗战精神——永远是激励中国人民克服一切艰难险阻、为实现中华民族伟大复兴而奋斗的强大精神动力。

历史已经证明，革命文化是激励中国共产党人取得新民主主义革命胜利的强大精神法宝。未来也必将再次证明，革命文化也是坚持和发展中国特色社会主义、实现中华民族伟大复兴中国梦的强大精神动力。

继承革命文化，是新时代中国共产党人“不忘初心，牢记使命”的一个重要体现。党的十九大闭幕后，习近平总书记即刻带领中共中央政治局常委专程前往上海和浙江嘉兴，瞻仰上海中共一大会址和浙江嘉兴南湖红船，回顾建党历史，重温入党誓词，用实际行动彰显中国共产党人“不忘初心，牢记使命”的郑重态度和坚定决心。继承红色革命文化，要结合当前正在开展的“不忘初心，牢记使命”主题教育实践活动，从学习入手，从活动展开，多措并举，分层施法，不断强化党员领导干部一心为民的宗旨意识和服务意识。习近平总书记指出：“不忘初心，牢记使命，就不要忘记我们是共产党人，我们是革命者，不要丧失了革命精神。”革命精神在革命文化土壤中孕育生长，中国共产党是革命精神的锻造者、革命文化的创造者。保持革命精神必须继承革命文化，这是中国共产党责无旁贷的使命和任务。

（五）创新发展，建设社会主义先进文化

社会主义先进文化是以马克思主义为指导，以培育有理想、有道德、有文化、有纪律的社会主义公民为目标，面向现代化、面向世界、面向未来的，民族的科学的大众的文化。它形成和发展于我们党团结带领全国各族人民进行革命、建设和改革的伟大实践，代表时代进步潮流和历史发展要求，在多样化的文化观念和社会思潮中居于主导地位。

社会主义先进文化建设是维护国家文化安全、增强国家文化软实力和中华文化国际影响力的战略选择。当今世界正处在大发展、大变革、大调整时期，

世界多极化、经济全球化深入发展，科学技术日新月异，各种思想文化交流、交融、交锋更加频繁，文化在综合国力竞争中的地位和作用更加凸显。同时，发达国家在经济、科技等方面仍占优势，西方敌对势力对我国实施“西化”“分化”的战略图谋没有改变，意识形态领域的斗争更加复杂。在这种情况下，只有大力推进社会主义先进文化建设，使全体人民形成坚定的文化自觉和文化自信，自觉抵御外部腐朽思想文化的侵蚀，才能不断提升我国的文化软实力，有效维护国家文化安全；才能不断增强中华文化在世界上的吸引力、感召力、亲和力，为我国实现和平发展创造良好的国际环境，并为人类文明进步作出更大贡献。

（六）多措并举，提高文化软实力

任何国家都必须两条腿走路：一条腿是物质硬实力，另一条腿则是文化软实力。物质硬实力不行，这个国家可能一打就败；而文化软实力不行，这个国家可能不打自败。习近平总书记非常重视文化软实力，他指出，“一个国家综合实力最核心的还是文化软实力，这事关精气神的凝聚”。围绕建设社会主义文化强国和提高国家文化软实力，他提出稳固“根基”的大思路，主要包括“一条道路”“一项改革”“四个自信”“四种形象”“树立四观”。

“一条道路”，就是“要坚持走中国特色社会主义文化发展道路”。对文化发展道路的理解，要追溯到中共十五大。党的十五大报告明确指出：“建设有中国特色社会主义的文化，就是以马克思主义为指导，以培育有理想、有道德、有文化、有纪律的公民为目标，发展面向现代化、面向世界、面向未来的，民族的科学的大众的社会主义文化。”走这条文化发展道路的指导思想是马克思主义，遵循方向是“三个面向”（现代化、世界、未来），内涵要符合“三个属性”（民族的、科学的、大众的），目标是培育“四有”（有理想、有道德、有文化、有纪律）公民。偏离这条发展道路，就会动摇国家文化软实力的根基。

“一项改革”，就是“深化文化体制改革”。要坚持以人民为中心的工作导向，坚持把社会效益放在首位，社会效益和经济效益相统一，以激发全民族文化创造活力为中心环节，进一步深化文化体制改革。按照政企分开、政事分开原则，推动政府部门由办文化向管文化转变。没有这项改革，国家文化软实力就会缺少充满生机和活力的造血功能，也会缺少传播工具、平台和渠道。

“四个自信”，就是“我们要坚定理论自信、道路自信、制度自信、文化自信”。习近平总书记强调：“当代中国价值观念，就是中国特色社会主义价值观念，代表了中国先进文化的前进方向。我国成功走出了一条中国特色社会主义道路，实践证明我们的道路、理论体系、制度是成功的。”他之所以强调文化自信，首先，因为中华民族创造了博大精深的灿烂文化，具有跨越时空、超越国度、彰显当代价值的永恒魅力；其次，只要中华民族最基本的文化基因与当代文化相适应、与现代社会相协调，以人们喜闻乐见、具有广泛参与性的方式推广开来，就能使全世界感受到中华文化独特魅力。这正是中国文化自信的底气所在。

2019年春节档电影《流浪地球》，就用艺术的手法，用时代的技术手段，将我们对全球问题关注的情怀和精神展现出来。这部电影里的中国元素无处不在，反映的都是生于中国文化之中的东西，和老百姓的日常生活联系在一起，如家庭观念、家园情结、家国情怀、天下情怀、担当意识，都是中华民族的精神血液中一直流淌至今的东西，也包含中华民族与时代的对话、与世界交流中吸收的有益的东西。

“四种形象”，就是文明大国形象、东方大国形象、负责任大国形象、社会主义大国形象。习近平总书记分别从历史文化、国情特色、外交政策和中国特色社会主义本质四个角度强调，我们要建设好、向世界展示好中国的国家形象："……历史底蕴深厚、各民族多元一体、文化多样和谐的文明大国形象，政治清明、经济发展、文化繁荣、社会稳定、人民团结、山河秀美的东方大国形象，坚持和平发展、促进共同发展、维护国际公平正义、为人类作出贡献的负责任大国形象，对外更加开放、更加具有亲和力、充满希望、充满活力的社会主义大国形象。"这"四种形象"的提出，是习近平总书记独到的理论贡献，如果能塑造起这四种"大国形象"，中国文化软实力必然大大提升。

"树立四观"，就是树立和坚持正确的历史观、民族观、国家观、文化观。习近平总书记强调要用好新兴媒体，讲好中国故事，传播好中国声音，阐释好中国特色。对中国人民和中华民族的优秀文化和光荣历史，要加大正面宣传力度，“引导我国人民树立和坚持正确的历史观、民族观、国家观、文化观，增强做中国人的骨气和底气”。这段话切中时弊，抓住了文化强国建设和提高文化软实力的要害。只有实实在在地引导国民特别是青年，正确看待历史、正确看待民族、正确看待国家、正确看待文化，才能“增强做中国人的骨气和底气”。无论对内对外，“骨气和底气”都是国家文化软实力的最强大的文化基因。

一个民族的复兴需要强大的物质力量，更需要强大的精神力量，没有先进文化的积极引领，没有人民精神世界的极大丰富，没有民族精神力量的不断增强，一个国家、一个民族不可能屹立于世界民族之林。2019年是新中国成立70周年，也是五四运动100周年，无论是100年前的五四运动，还是70年前新中国的成立，都包含着对中华文化前途命运的思考。尽管时代不同了、时代背景不同了，可对文化的思考依然贯穿其中。

新时代奋斗幸福观

中北大学　张春秀

指导老师　马拥军

你的梦想是什么？

大家会勾勒各种不同的画面，比如儿女有成就、家人温馨陪伴、事业成功、有钱有闲可以走遍名山大川、以德行服人等，但是不管你的答案是哪一种，我敢肯定那个梦想不管近还是远，都指向一个终点：幸福。美国哲学家威廉·詹姆斯说："如果我们要问人类主要关心的是什么？我们应该能听到一种答案：幸福。"不管是我们顺境时的努力，还是逆境时的忍耐坚持，都是为了获取幸福、保有幸福或者找回幸福。整个人类文明史，就是每个人不断追求幸福的历史，追求幸福被恩格斯称作是人类颠扑不破的原则。

那么，何为幸福呢？

有女同志说，买买买就是幸福。可是好多人发现在付钱那一刻你的幸福攀升到最高值，之后就是渴望下一次付钱的时刻。

有年轻人说，生活精致就是幸福。小家电，非名牌不用；赏樱花，非日本不“刷”，吃面包，非“全麦”不碰；选服装，非“设计款”不穿。3月抢星巴克猫爪杯，6月抢优衣库和KAWS联名系列T恤，100万件第一天就基本卖光。但是我记得2011年11月11日“双十一”元年，我在天猫等待午夜的幸福时刻来临，看着付款链接转啊转，直到夜里一点半才满心幸福地睡去。第二天打开天猫，一行大字让我的幸福感跌到冰点：狂欢继续。

有成功人士说：幸福就是把钱赚得多多的，然后把房子盖得大大的，然后娶个像志玲姐姐那样的媳妇，然后养一群活蹦乱跳的孩子，然后把孩子养大；然后孩子把钱赚得多多的，然后娶漂亮媳妇，然后养一群孩子，然后……再然后呢？一切不过如此而已！幸福很短暂，无聊却接踵而至。于是一些人陷入低迷沮丧，“丧文化”“佛系”“道系”应运而生。另一些人顿悟了，人总是这山望着那山高，我们强烈的幸福感往往在登上高点的那一刻，很快就会因为没有新的挑战而感受到失落、空虚和无聊。说好的幸福呢？

当然也会有人说：幸福是主观的感受，因人而异。

的确，从古到今，对幸福的理解千差万别。有人认为拥有高尚的德行就是幸福。比如孔子：“朝闻道，夕死可矣。”（《论语·里仁》）；亚里士多德：“幸福就是合于德性的现实活动。”有人认为幸福源于物质享受感官之乐。比如古人杨朱说："十年亦死，百年亦死；仁圣亦死，凶愚亦死。生则尧舜，死则腐骨；生则桀纣，死则腐骨。腐骨一矣，孰知其异？且趣当生，奚遑死后？"（《列子·杨朱》）不管你活的岁数、你的德行品格，死了都是一样的腐骨，所以要及时行乐，享受感官的物质享受。功利主义说，幸福就是最大利益。

康德无奈地说："幸福的概念是如此模糊，以至于虽然人人都在想得到它，但是，谁也不能将自己所决意追求或选择的东西说得清楚明白，条理一贯。"

一、关于幸福，有规律可循

（一）幸福既包含追求最终的收获，也包括追求活动本身

一个公子哥，天生锦衣玉食、衣食无忧，他却到

处去问：幸福在哪里？幸福在哪里？有人建议他去问那个7月酷暑下锄地的老农。“你先替我锄地三圈，我就告诉你。”为了幸福，拼了。挥汗如雨，锄到第三圈，已经忘记自己来做什么，累得咕咚咕咚喝几大口凉水，躺在树荫下，长出一口气，大喊：“痛快，痛快！”老农说：“答案你已经有了，不用问我了。”

（二）不同的社会，幸福不同

鲁迅先生在《人话》中写道：大热天的正午，农妇做事做得正苦，忽而叹道：“皇后娘娘真不知道多么快活。这时还不是在床上睡午觉，醒过来的时候，就叫道：‘太监，拿个柿饼来！’”在阶级社会中，统治阶级因为占有劳动资料，所以只负责收获和享乐，普通大众只负责干活和工作。每个人都有想追求的东西，也在努力工作，但是奋斗过程和奋斗的收获被人为隔离，收获的幸福却属于别人。所以马克思在《1844年经济学哲学手稿》中说：“劳动为富人生产了奇迹般的东西，但是为工人生产了赤贫。劳动创造了宫殿，但是给工人创造了贫民窟。劳动创造了美，但是使工人变成畸形。劳动用机器代替了手工劳动，但是使一部分工人回到野蛮的劳动，并使另一部分工人变成机器。劳动生产了智慧，但是给工人生产了愚钝和痴呆。”“工人在自己的劳动中不是肯定自己，而是否定自己，不是感到幸福，而是感到不幸。”

（三）不同的时代，幸福不同

20世纪五六十年代，对于生活清苦的人们来说，幸福的要义就是吃饱穿暖后的那种满足感，经历过贫穷时代的人都能够体会到那种吃饱后的幸福感。就是到了2000年，我带对象回家，我妈妈还抱怨：不够富态！“40后”的妈妈仍旧觉得胖乎乎的才是富态相。但是如果今天谁带男朋友回家，人未至肚子先行，你的那些“外貌协会”的七大姑八大姨，肯定得吐槽：这，也太油腻了吧！不会有“四高”吧？外形不俊朗、体魄不健康、生活无朝气和活力，哪里有幸福可言？

（四）幸福与他人、社会密切相关

幸福从来都不是孤立的。一位农场主在粮仓里放了老鼠夹子。老鼠发现了，去告诉其他动物。母鸡说：“你的事，自己小心吧。”肥猪说：“你的事，好自为之。”黄牛说：“你见过老鼠夹子夹住一头牛吗？祝你好运！”结果，老鼠夹子夹住了毒蛇，女主人去粮仓时被毒蛇咬伤住进了医院。为了给女主人补身体，母鸡被杀；为了招待探望的亲朋，肥猪被宰；为了还住院的钱，黄牛被卖到屠宰场。所以幸福的确具有个体性，但幸福绝不是“个人的私事”，“人类的天性就是这样的：人们只有为同时代人的完美、为他们的幸福而工作，才能使自己也达到完美”。

所以，你的幸福不仅包含结果也包含过程；你的幸福是自己的，但也与他人，与时代、社会、国家乃至世界相关。幸福是我们个体追求上演的剧目，社会和时代是我们的舞台。好的社会制度保障每个人追求幸福的权利，也保障每个人享受幸福的权利。新中国成立70周年、改革开放40周年，尤其党的十八大以来全方位深层次的变化，使我国进入新时代，这个时代是我们国家在站起来、富起来基础上谋求强起来的时代。新时代是最好的时代，是为每个人追求幸福提供宽广舞台的时代。在新时代，我们对幸福的理解有了新的变化。

二、新时代幸福的新内涵

（一）全体人民的幸福

所有幸福都有一个基本立场问题，即是谁的和是为了谁的幸福。

新时代，只有人民是真正意义的幸福主体，人民是幸福的创造者、享有者和评判者。全体人民，不论阶层、学历、民族、区域等外在区别，都是自己幸福的创造者和享受者。我们必须肯定不同人的幸福需求和感受，不能人为制造对立。比如，饭后我去德云社听个相声，笑一笑十年少。你温文尔雅地去国家大剧院看个音乐会，虽然我是下里巴人，你是阳春白雪，但是咱们的幸福都很重要。每个人都不能因为年龄、生理或者心理等因素与幸福失之交臂。所以我们必须考虑有没有助残通道，有没有城市盲道，有没有育婴师，有没有导盲犬，有没有可供孩子使用的便捷公共设施等。正如习近平总书记所说："全面建成小康社会，一个不能少；共同富裕路上，一个不能掉队。"人人都可以追求幸福。

（二）更全面的幸福

美国心理学家马斯洛认为，人的需要包含生理需要、安全需要、归属与爱的需要、尊重的需要、自我实现的需要五个层次的理论，广为人知。新时代我们的幸福变得更加全面。马克思说：忧心忡忡的、贫穷的人对最美丽的景色都没有什么感觉。所以，我们首先需要吃穿住用行等与生活、安全相关的基本需要的满足。但是并不停留于此，归属、爱、尊重等需要的满足也更重要，新时代个性发展、自我实现的需要则最为凸显。所以，习近平总书记说："我们的人民热爱生活，期盼有更好的教育、更稳定的工作、更满意的收入、更可靠的社会保障、更高水平的医疗卫生服务、更舒适的居住条件、更优美的环境……"所以，在新时代，仅仅靠物质生活或者精神文化都难以涵盖我们对幸福的期待，换句话说，我们不仅要眼前的生活，还要诗，还要远方。

（三）更高大上的幸福

新时代人民的幸福需求更加高大上，同样的物质文化需要，过去重视数量多不多，现在强调质量高不高。1987年，北京市民排两小时队只为尝鲜洋快餐肯德基，今天越来越多的人选择“低脂低糖”，健康安全才是首选；1983年，“桑塔纳”轿车进入中国，今天我们已经基于生态环境保护，研究燃油车退出事宜；1994年，带宽64K的国际专线宣告中国正式入网，截至2018年12月我国网民规模达8.29亿，手机网民占99%，我们由关注网速已经转向关注网络安全；1999年，张艺谋导演《一个都不能少》思考“能上学”的问题，现在我们关注“上好学”的问题。前几年我们呼吁“看得上病、看得起病、看得好病”，现在我们已经由“以治病为中心”转变为“以人民健康为中心”，推动全面健身，倡导健康生活方式。

面对这样高大上的幸福，新时代如何实现幸福呢？

三、如何实现幸福

幸福不是先天遗传的，也不能通过遗产继承。宗教承诺的是生命时间之外的彼岸世界给你的幸福，但是生命之外的彼岸世界仍旧是我们的认识无法跨越的天堑。现实的幸福怎么办？有人说，不是讲延时满足吗？我等幸福来敲门。

“世界上没有坐享其成的好事，要幸福就要奋斗”，“奋斗本身就是一种幸福”。习近平总书记说：“只有奋斗的人生才称得上幸福的人生。……奋斗者是精神最为富足的人，也是最懂得幸福、最享受幸福的人。”所以，幸福不是幻想，幸福是脚踏实地的努力奋斗，奋斗是幸福的源泉。新时代是奋斗者的时代，新时代是我们通过奋斗实现幸福梦想的时代。

如果说先辈们在革命和建设中的奋斗是为了让更

多的个体生存发展，那么今天的奋斗不仅仅是为了生存，更是为了挑战自我、实现自我和超越自我，为了形成利他价值，实现社会价值。那么我们在新时代该如何奋斗、实现幸福呢？

（一）为幸福奋斗需要我们不惧吃苦、勇敢面对

习近平总书记告诫青年：“青年时期多经历一点摔打、挫折、考验，有利于走好一生的路。”武晶晶曾经是煤老板的女儿，当面临企业倒闭、欠债3个亿时，她有过逃避，有过怨天尤人，最后选择了不惧吃苦，勇敢面对。3年过去了，虽然她的外债仍然没有还清，但是当她说我用前30年还债、后30年享受人生时，我想她已经从自己面对挫折、不屈不挠的奋斗努力中，重新收获了工作的快乐、生活的信心。

（二）为幸福奋斗需要我们坚守梦想、真诚热爱

有梦想的奋斗才是有意义的，梦想就是心中的阳光。人生之路很长，有平川也有高山，有缓流也有险滩，有丽日也有风雨，有喜悦也有哀伤。但是“心中有阳光，脚下有力量，为了理想能坚持、不懈怠，就能创造无愧于时代的人生”。太原五中语文老师赵旭站在讲台上光芒四射，这种光芒源于她15年来真诚引导学生做人、将对中华文化的热爱融入语文课，源于她始终坚守做“文化基因唤醒人”的梦想。当默默无闻的赵老师一朝成名天下闻，我们都成了老师的粉丝，关注她的公众号“语文可以这样学”时，你可以去问问赵老师，是不是幸福如黄河之水天上来！

青年演员王名乐，在创业致富和热爱的梦想之间，选择成为国家级非遗项目太原莲花落代表性传承人。他的收入未必比得上先前，但当他听到观众叫好

不绝，看到更多的孩子充满热情加入学习队伍，他说自己“一夜暴富”，不过富的不是口袋，而是乐在其中。奋斗的路很长，但是正是他们心中的梦想、心中的信念，让他们获得不断奋进的阳光，坚持不懈怠。

（三）为幸福奋斗需要我们乐于贡献、慷慨分享

“每个人都追求幸福，个人的幸福和众人的幸福是不可分割的”，这是恩格斯所说的“颠扑不破的”真理。个人的幸福与所有人的幸福交织在一起，因此作为人，我们渴望为他人、为社会所认可，我们不仅享受小日子，也愿意将自我融入社会和时代发展的洪流，在为他人作出贡献、服务他人中获得回报、收获幸福。

比如大家都喜欢吃火锅，解馋、刺激、红火热闹，但是如果不小心遇到地沟油呢？地沟油中黄曲霉素的毒性是砒霜的58倍！“火锅英雄”太原刑警任飞

一直默默无闻坚持与“地沟油”死磕到底，他发明的“辣椒碱”检测法仅用一张小小试纸就可以搞定，但对任警官却是锲而不舍、默默投入的9年。当下班的路上闻到千家万户飘出的烧油烹醋的人间滋味，看着大小饭店食客们大快朵颐的享受，成为自己女儿心目中的英雄爸爸时，任警官肯定觉得9年的时光和奋斗，值得！奋斗带给他回报和幸福，奉献社会、服务他人让这幸福无限翻倍！

伊壁鸠鲁感觉自己将不久于人世，所以他洗个热水澡、纵情狂饮，人生就剩一次醉了。而英模林俊德研究员不愿意在卧榻之上安度生命最后的时日，戴着氧气面罩，用尽余力整理资料留给后人，为国家和社会作最后的贡献，他的幸福无法超越。

（四）为幸福奋斗需要我们持之以恒、磨砺自己

“成功的背后，永远是艰辛努力。青年要把艰苦

环境作为磨炼自己的机遇，把小事当作大事干，一步一个脚印往前走。滴水可以穿石。只要坚韧不拔、百折不挠，成功就一定在前方等你。”——2014年5月4日，习近平总书记在北京大学师生座谈会上的讲话如是说。

我们一出生就生活在温暖的爱里，但左臂有残疾的山西大学研究生高思恩，出生后的第一个家却是一个纸箱。如果不是仁慈的奶奶及时相救，她可能就会夭折于马上到来的瓢泼大雨里。我们谁都不愿意这样一个亭亭玉立的姑娘遭受苦难，但是艰苦的环境下，这个不屈的孩子坚韧不拔、百折不挠，用持之以恒、滴水穿石的精神把自己打磨成钻石。命运无情地给她关上了门，她却为自己打开了一扇窗。在每天奔跑着帮奶奶捡垃圾时，她不经意成为优秀的运动员、成绩优秀的研究生。但她依旧没有停下奋斗的脚步，她有能力获得幸福，而且她正在用自己的青春，把爱和阳光传递给更多人。

（五）为幸福奋斗需要我们顺应时代、承担使命

“人生道路千万条，各行各业都能成才。只要矢志追求，努力拼搏，照样可以实现人生抱负和目标。”这是习近平总书记曾经说过的一句话。

1998年，从技校毕业的樊志勤成为一名电焊技工，收入低、地位低，前途渺茫，但是他很快做好人生定位，完成自我调适。不论是面对薄如蝉翼、轻如鸿毛的焊接品，还是完成几百毫米重达数千吨的焊接任务，他都能做成平整美观、内部致密的艺术品。他跟着师傅苦练技术，甚至成为高于国际水平的国际焊接技师，为“神舟八号”飞船顺利升空保驾护航。1998年彷徨的他，肯定没有想到会有这一天。但是将个人命运与企业发展、与国家进步联系在一起的他，发自内心体会到顺应时代发展的需要，勇挑重担，承

担使命，把个人发展融入民族复兴的伟大历程，不仅能作出无愧于人民和时代的贡献，也将收获巨大的幸福。

（六）为幸福奋斗需要我们心态平和、健康向上

身体是一切奋斗的资本，是所有幸福的前提。幸福从奋斗中来，奋斗是为了幸福。我们必须理清这二者的关系。习近平总书记不仅强调“人民身体健康是全面建成小康社会的重要内涵，是每一个人成长和实现幸福生活的重要基础”，而且还现身说法，提醒“年轻人不要总熬夜。……内在有激情，外在还是要从容不迫”。所以，一提奋斗，大家都摩拳擦掌，说我们已经“996”了，要不再“007”？这是对奋斗者的误读，是对奋斗者的伤害。新时代的奋斗者应该充满热情、认真敬业，但也要积极锻炼、健康生活，二者并不矛盾，反而是互相促进。运动让大脑提升专注

力、避免抑郁、预防阿尔兹海默症……健康本身是幸福，健康也是对国家作贡献。

当然为幸福奋斗也要培育“自尊自信、理性平和、积极向上的社会心态”。青年人追求虚假的精致、追求佛系道系，是因为缺乏仰望星空的眼睛和脚踏实地的精神。有人说怕什么来什么，焦虑到无所适从，杭州一个小伙子因为逆行被交警拦住，崩溃大哭。我们应该关注自己的内心，认清自己很平凡的真相，认清做事不成功也不会致命的事实。淡定却积极地去做，失败者也不会永远失败，只要坚持你的付出和努力，就不会被辜负。青春无关年龄，事关心理。我们慢慢突破，总有一天，可以骄傲地说：未来，经历了那么多挫折，我还是来了。

正所谓幸福的人都是相似的，不幸的人才是千差万别。这些从普通平凡岗位中获取感动和幸福的人们，他们最大的共性就是奋斗。正是通过不舍的奋斗，他们的故事才为我们所感动所传唱，不舍的奋斗让他们成就自己的梦想、承诺、坚守、责任，也成就了新时代的幸福。关于为幸福奋斗的百宝囊中还有很多珍宝，压箱底的最重要的一条就是：新时代，让我们做热爱、自信、担当、创新、专业、坚韧的奋斗者，一起努力奔跑。幸福，我来了！

人间正道是沧桑

——为什么要坚定不移走中国特色社会主义道路

太原科技大学　骆　婷

指导老师　杜艳华

党的十九大报告提出："全党要更加自觉地增强道路自信、理论自信、制度自信、文化自信，既不走封闭僵化的老路，也不走改旗易帜的邪路，保持政治定力，坚持实干兴邦，始终坚持和发展中国特色社会主义。"

大家读到这段话的感受是什么？是自信满满地点头称是呢，还是微微皱起眉头，心生疑问：为什么一定要选择走中国特色社会主义道路？今天，我们就要来讨论这个问题：为什么要始终坚持和发展中国特色社会主义？

2018年是中国改革开放40周年。40年，弹指一挥间。我国的经济、科技、文化等方面都发生了翻天覆地的变化。与我们普通民众息息相关的莫过于衣食住行了，下面，让我们通过“数描中国”来感受一下40年来我们的身边究竟发生了哪些变化。

我们先来看一段视频。从这个短视频中，我们感受到了有一种痛，叫筒子楼的痛，住过的人才懂；也看到了20世纪80年代潮人的穿搭风；体会到了什么叫无票寸步难行。反观今日的中国，住房自有率已达到90%；手机一点就能叫来网约车，手机一扫就能解锁共享单车，手机一刷就能让你的钱包变瘪。如今我们不再天天盼着过年，因为每天都能品尝到舌尖上的中国味道，现在人们不再担心吃不着，而是担心吃太多。是的，中国人的生活质量真真切切、实实在在地提高了太多太多了。

大家有没有想过，是什么促使我们中国在短短40年的时间发生如此巨变呢？如果我说正是因为坚持和发展中国特色社会主义，才会取得如此辉煌的成就，大家认同吗？或许有的人会套用仓央嘉措的话说：走或不走，美好生活都在那里。走或不走中国特色社会主义道路，结果真的会殊途同归吗？让我们一起来看看吧。

一、回看走过的路

如果不走中国特色社会主义道路，我们会有今天的美好生活吗？实践是检验真理的唯一标准。历史已为我们作出了最好的回答。

170多年前，经历了鸦片战争的失败之后，中国面临向何处去、走什么道路、怎样救亡自强的时代课题和严峻考验。虽经一代又一代仁人志士奔走呼号，上下求索，抛头颅、洒热血，但中华民族却长时期未能摆脱灾难深重、被动挨打的局面。太平天国农民革命归于失败；洋务运动在甲午中日战争中败北；维新变法仅存百日就惨遭镇压；辛亥革命虽然推翻帝制并建立民国，但最终仍未能避免封建复辟和军阀混战之结局。

在实践层面，历次斗争失败的事实表明，旧式农民起义和封建统治阶级的自强，不能解决中国救亡图存的问题；资产阶级改良派或革命派的努力，难以改变中国半殖民地半封建社会的性质，封建主义的回头路已走不通，资本主义道路也难走下去。

在理论层面，从洋务运动到新文化运动，西方哲学社会科学逐渐被翻译介绍过来，促进国人开始用现代社会的科学方法来思考研究问题。

许多团体和派别宣扬或尝试过各种主义和思潮，如改良主义、自由主义、社会达尔文主义、无政府主义、实用主义、民粹主义、工团主义等，或先或后，或长或短，也是“你方唱罢我登场”，但都没能解决中国走向何方的前途与命运问题。

从中国当时的状况来看，毋庸置疑，五四运动时期的中国依然徘徊在十字路口。

正是在这种背景和条件下，凭借俄国十月革命的成功及其影响，马克思主义由最初传入中国的诸多思想学说之中，迅即脱颖而出，引发广大先进知识分子的关注。而背负着人民期待和民族希望的中国共产党，则以马克思主义为指导思想，明确将马克思主义奉为理论基础和行动指南。“马克思主义”这一理论犹如壮丽的日出，照亮了人类探索历史规律和寻求自身解放的道路。

新中国成立后，一个全面模仿苏联工业化模式的社会迅速建立起来。到1956年，中国基本建立了社会主义制度，进入社会主义初级阶段。但这条完全模仿苏联的社会主义道路并没有带领我们走向富强。中国共产党认识到传统的苏联社会主义模式在中国并不能完全成功复制，于是开始探索符合中国国情的中国特色社会主义道路。

1978年，在冲破“两个凡是”的束缚，摒弃“以阶级斗争为纲”的口号后，实现了党的工作重心转移，这成为开辟中国特色社会主义道路的历史起点；1992年，邓小平同志在视察中，问一个农村老大妈为什么只养三只鸭子，这个大妈说：“养三只是社会主义，养四只就是资本主义了。”邓小平同志听后非常气愤，于是提出破除姓“社”姓“资”这一阻碍改革开放的观念，发展了中国特色社会主义道路；1997年，江泽民的“五二九”讲话，澄清了姓“公”姓“私”的疑惑，冲破了所有制崇拜，推进了中国特色社会主义道路；2007年前后，我们清除了在新的历史起点上如何发展的障碍，拓展了中国特色社会主义道路。可以说，每一次中国特色社会主义道路的演进都伴随着一次思想解放，而每一次思想解放，我们都坚持了解放思想、实事求是的思想路线，才不断开创了中国特色社会主义事业的新局面。

二、比较别人的路

我们不光要回看自己走过的路，还要比较别人走的路。有比较才能有鉴别，有鉴别才能有选择。

在这40年中国取得前无古人的成就之时，其他国家的人民过得怎么样呢？

（一）资本主义道路

2015年8月24日，美国道富银行的“风险先生”弗雷德·古德温找到了一个有趣的表格。表格中显示：1973年的石油危机，1987年、2001年的股市崩盘，1980年的美国经济衰退，1994年的债市崩盘，2008年的次贷危机……将这些时间节点联系在一起，似乎预示着全球金融危机存在“七年一循环”……而美国高盛经济学家在同月3日则指出：全球经济周期已变得越来越短。

正如马克思所预言的那样，只要资本主义制度存在，资本主义经济危机就不会消失。

无论是“七年一循环”，还是“经济周期缩短”，都表明了一点：最近40年来，全球性经济危机仍在周期性爆发，而且2008年爆发的国际金融危机仍在发酵。

2008年9月15日，这是一个让全球股民痛心疾首的日子。美国股市开创了“9·11”恐怖袭击以来最大单日跌幅。欧洲股市、亚太股市随即陷入一片血海之中。一场灾难因为华尔街百年历史的投行——雷曼兄弟的倒下而拉开帷幕。正如历史学家史蒂夫·弗雷泽所言，这场危机拉开了自由市场幻象猛醒时分的序幕。随着财富和投资的灰飞烟灭，全球数亿中产阶层的劫难才刚刚开始。

1. 美国

金融危机让部分美国人感受到生活艰难。压力之下，有人感到绝望，选择自杀。2008年10月初，加利福尼亚州洛杉矶市财务经理卡尔西克·拉贾拉姆先枪杀妻子、岳母和3个儿子，然后饮弹自杀。田纳西州57岁居民帕梅拉·罗斯因丧失房屋抵押品赎回权，收到驱逐令后开枪自杀。尽管没有直接数据证明自杀与经济问题的相关程度，但从历史数据来看，经济困难时期往往自杀人数上升。

2. 英国

自2008年9月底以来，英国平均每5分钟就有一个人宣布破产，平均每天有104户人家被迫变卖房产还债。目前，全英国平均每人包括按揭贷款在内的债务为9500英镑，约为16150美元，95000元人民币。对英国普通消费者而言，日常消费压力也在增加。2018年9月，英国的通货膨胀率已经上升到5.2%，远远高于2%的政府目标值。物价上涨更使他们不得不精打细算，英国人平日到超市购物都得盯着价签比较半天。

3. 法国

戴高乐曾说过，统治一个拥有数百种奶酪的国家难上加难。法国人嗜好奶制品，而他们对奶酪的忠诚度是否因经济危机而动摇了呢？据法国《焦点》杂志报道，通常“家乐福”会对即将过期的蔬果牛奶降价20%至50%出售。许多主妇会在大卖场减价时采购奶制品，而减价的前提往往是新鲜牛奶已不那么新鲜了。

4. 日本

面对金融危机对生活的影响，日本人在没法“开源”的情况下千方百计“节流”了。所以不少日本网民在网上热议家庭开支节约术，比如，怎样节约电费、水费、煤气费等；用洗衣服的水拖地板；大人不再给小孩买零食；男人不再喝酒；洗澡不再泡浴缸只是淋浴；在深夜开洗衣机洗衣服，因为深夜的电费便宜；买饮料到便宜的超市，而不是在自动贩卖机上买；减少娱乐开支，不再看电影、不唱卡拉OK；电器不用的时候把电源开关关掉；尽量不参加社交活动；尽量不买大宗的商品；等等。

面对这次国际金融危机，无论是新自由主义还是新凯恩斯主义，都显得力不从心。实行新自由主义，难以解决资本主义经济所固有的失业、经济危机和贫富分化等严重问题；实行新凯恩斯主义，会破坏私有制神圣不可侵犯的原则，有损资本主义经济的活力。

实行紧缩性的财政货币政策，会加剧经济衰退、恶化失业问题；实行刺激性的财政货币政策，会加剧债务危机、扩大资产泡沫，而对于解决生产过剩和失业问题也并无裨益。面对这样的困境，发达国家往往凭借强大的金融、政治和军事实力，甚至不惜发动战争，打垮竞争对手，维护本国利益，对外转嫁危机。事实一再证明，资本主义国家用来解决危机的种种手段，只能使危机以更大的规模重新出现。市场失灵与政府失效交织、新自由主义危机与新凯恩斯主义危机并发，是资本主义基本矛盾发展不可避免的后果，也是资本主义走向衰落的历史征兆。

（二）“颜色革命”道路

21世纪初期发生在独联体国家和中亚地区的以颜色命名、以和平和非暴力方式进行的政权变更运动频频发生。这些运动都有一个共同的名字叫“颜色革命”，又称“花朵革命”。

塞尔维亚、格鲁吉亚、乌克兰和吉尔吉斯斯坦等几个遭遇“颜色革命”的国家，以具有吸引力的口号，组织群众，推翻了原来的亲俄罗斯政府，建立了亲美的民选政府。但是当这些人掌权后，并未比他们咒骂的旧统治者更好，革命的实际效果并没有出现。国家出现了政局混乱、经济滑坡、民不聊生等情况。仅就吉尔吉斯斯坦来说，经过一番折腾后，现在已经是独联体地区甚至是世界上最贫困的国家之一。据统计，吉尔吉斯斯坦有35%的人生活在贫困线以下，其中有35万人处于赤贫状态。去过吉尔吉斯斯坦的人都会看到，那里状况非常差，缺乏正常的社会秩序，老百姓没有任何安全感，生活非常艰难，腐败问题也更加严重。

“颜色革命”的结果，可以用四个字来概括，“凄凄惨惨”。这不仅是这些国家多数民众的亲身感受，也是许多西方政府和人士的感受。今天，“颜色革命”早已退潮，但这些国家的日子仍然不好过。

（三）民主化道路

目光转向中东地区。近年来，美国不能容忍权威主义政权在中东延续，开始通过武装干涉、政治干预等手段进一步加速中东地区的“民主进程”，试图让西式民主之风吹遍中东的每个角落。但结果却以这些国家的政局动荡、中东地区的恐怖力量更加猖獗而告终。具体来看，美国在伊拉克消灭萨达姆政权后推行美式民主，但美式民主给伊拉克带来的始终是动荡不安；阿富汗在美国发动阿富汗战争后实行了西方的总统共和制，但并没有缓解国内乱局，塔利班势力一刻也没有停止制造混乱，阿富汗境内民不聊生；埃及是美国的重要盟国，2011年政局出现动荡后，美国支持埃及军方和数以百万计的示威者对政府发难，迫使穆巴拉克下台。此后，国家没有迎来民主，暴恐事件却时有发生，国家恢复全面稳定尚需时日；利比亚战争中，美、法、英等西方国家出动战机和舰艇，对卡扎菲政权的相关目标实施军事打击，结束了卡扎菲在利比亚的强权统治。然而，随后利比亚就沦为阿拉伯世界的狂野西部：危险丛生、无法无天、枪支泛滥、物价飞涨、安全局势堪忧；叙利亚自2011年3月以来，其反动派在西方国家支持下发动内战，虽然巴沙尔政府已实施西方希望的多党制，但该国至今战火不断，内战造成15多万人死亡，1100多万人流离失所，包括近280万注册难民。

（四）亲美道路

乌克兰是苏联东欧剧变后美国的忠实追随者。由于历史上乌克兰东部地区信奉东正教，西部地区信奉天主教，实行西式民主后，并没能迅速有效地解决这两个不同宗教信仰地区民众的文化交融、价值统一问题。他们各自追求自己最大的民主权利，导致这两个历史渊源、宗教信仰、民族构成、文化背景不同的地区，互相对立，摩擦冲突不断，国家陷入民族对立、武装动乱、硝烟弥漫的混乱之中，成为一盘散沙。

泰国1932年向西方学习实行民主革命，虽然实现了从君主制向君主立宪制政体的转变，但君主和王室作为传统政治力量被保存了下来，军人集团从此走向政治中心并左右国家的政治走向和民主化进程。80多年来，“泰式民主”始终没有跳出“文人政权与军人政变”不断转换的“恶性循环”。事实表明，泰国移植西方民主也没成功。

从乌克兰和泰国这两个亲美国家追随和效仿西式民主所取得的结果来看，即使主动接受西式民主，却仍然因西式民主与本国国情严重不符而“美梦”难圆，甚至还导致国家政局混乱。

由此，我们不难看出，当前国际社会，无论是发达国家还是发展中国家，如果不选择一条适合本国国情的发展道路，盲目照搬他国经验，走他国道路，最终的结局就是无尽的灾难。事实证明，国情不同，道路就会不同，立足本国国情进行自主探索，才能找到实现国家发展的正道。“鞋子合不合脚，自己穿了才知道。”一个国家的发展道路合不合适，只有这个国家的人民才最有发言权。

三、远眺前行的路

40年的辉煌已是过去时，接下来的路我们要怎么走呢？1933年，五四运动中曾名噪一时的《东方杂志》向全国征集如下问题的答案：你梦想中未来的中国是怎样的？充满浪漫主义色彩的“征梦”，表达了一代仁人志士对中国美好未来的强烈渴望。如今，百年前五四先驱们孜孜以求的强国梦、复兴梦，从未像今天这样距离我们如此之近。对那段精神的最好传承，就是紧紧握住时代的接力棒继续奔跑。

我们不仅要自己跑起来，还要带动其他国家人民也跑起来。我们不仅要实现自己的中国梦，让每一个中国人都幸福起来，而且还希望全世界人民都能过上幸福的生活，构建人类命运共同体。

就在2019年4月25日召开的第二届“一带一路”国际合作高峰论坛“智库交流”分论坛上，南非独立传媒集团执行主席伊克博·瑟维将“一带一路”誉为中国送给世界的一份大礼。当前，“一带一路”合作给沿线各国乃至全世界带来红利已成为共识。但是，在大家心中，会不会觉得“一带一路”是国际合作，似乎离自己很远呢？其实这一宏大主题深刻地影响着我们每天的生活。在同一天举行的首届企业家大会上，诸如“一家企业把它的农产品出口到中国超市，尼泊尔、缅甸的企业把旅游资源和服务出口到中国”“渣打集团参与近100个‘一带一路’相关项目”等故事时刻在上演。我们可以想象一下，当你每天早上在超市选购来自千里之外的异国新鲜水果、海鲜时，其实是在享受设施联通、贸易畅通带来的红利；当你拖着行李箱走出国门前往未曾踏足的目的地，感受异域风情时，其实是在享受政策沟通、民心相通带来的红利；当你的公司业务拓展海外获得巨大收益时，其实是在享受贸易畅通、资金融通带来的红利。这些看似平凡的开放之举，展现了“一带一路”合作对所有人生活、工作带来的巨大变化。

因此，坚定不移地走中国特色社会主义道路，不仅能够完成伟大复兴的中国梦，而且还能与全世界人民共同构建人类命运共同体，过上幸福而有尊严的生活。

历史和现实告诉我们，一场社会革命要取得最终胜利，往往需要一个漫长的历史过程。只有回看走过的路、比较别人的路、远眺前行的路，弄清楚我们从哪儿来、到哪儿去，很多问题才能看得深、把得准。

习近平总书记指出，我们能够创造出人类历史上前无古人的发展成就，走出了正确道路是根本原因。中国特色社会主义道路之所以能够取得辉煌成就，引领中国发展进步，关键在于既坚持了科学社会主义的基本原则，又结合了我国实际和时代特征。它不是“传统的”，也不是“外来的”，更不是“西化的”，而是“独创的”，是一条人间正道。

正所谓“天若有情天亦老，人间正道是沧桑”，我们一定要沿着中国特色社会主义道路坚定不移地走下去！

后记

党的十九大指出："必须推进马克思主义中国化时代化大众化，建设具有强大凝聚力和引领力的社会主义意识形态，使全体人民在理想信念、价值理念、道德观念上紧紧团结在一起。要加强理论武装，推动新时代中国特色社会主义思想深入人心。"为了通过学习培训进一步增强广大党员干部学习马克思主义理论的积极性，太原市委宣传部主办，太原市委讲师团、太原社会科学院共同承办了马克思主义大众化精品课程评选活动。活动面向省内各高校公开征集课程，共有30位高校教师、青年学者通过了课程初选。经过现场讲授、专家评审，最终推选出7个精品课程。为了进一步提升课程质量，主办方组织7位讲授教师赴复旦大学马克思主义学院进行了集中培训，经过名师辅导、悉心打磨，课程主题更加明确、内容更加完善、形式更加生动。

《马克思书房公开课》一书以7个精品课程讲稿为基础，是探索推进马克思主义大众化的重要成果。本书公开课由王素萍、闫晓平、张春秀、郝俊英、郭振东、骆婷、李献参与撰写，涵盖道德、生态、消费、文化、奋斗幸福、道路等多个主题。《道德责任与道德觉醒》强调公民道德建设的重要性，阐释用公民道德建设引领美好生活；《生态、生活、生产，伴随我们一生》着重解答了人与自然的关系；《马克思主义就在我们身边》生动展现了马克思主义对人们生活的影响；《消费的合理性何以可能》教会我们如何科学、理性、合理地消费；《坚定文化自信，建设文化强国》引发对中华文化的深深思考；《新时代奋斗幸福观》激励平凡的人们在新时代为幸福而奋斗，因奋斗而幸福；《人间正道是沧桑》充分展现了中国特色社会主义道路的优越性。

本书在编写出版的过程中得到了太原市委宣传部、太原市委讲师团、复旦大学马克思主义学院、山西教育出版社的大力支持，特别是时任太原市委常委、宣传部部长张璐同志，北京大学马克思主义学院原院长郭建宁教授，复旦大学新闻学院常务副书记周晔教授，山西大学马克思主义学院院长刘晓哲教授等领导和知名专家的专题辅导，在此一并表示感谢！

由于编者水平有限，难免会有疏漏，恳请广大读者批评指正。

编　者

2020年1月